blv sportpraxis
- 201 richtig fußballspielen
- 202 richtig segeln
- 203 richtig segelsurfen
- 204 richtig tennisspielen
- 205 richtig skifahren 1
- 206 richtig skilanglaufen 1
- 207 richtig radfahren
- 208 richtig rock'n roll tanzen
- 209 richtig selbstverteidigen
- 210 richtig jogging · dauerlaufen
- 211 richtig tischtennisspielen
- 212 richtig reiten
- 213 richtig eislaufen
- 214 richtig leichtathletik
- 215 richtig volleyballspielen
- 216 richtig handballspielen
- 217 richtig fitnesstraining
- 218 richtig ski-konditionsgymnastik
- 219 richtig autofahren · rallyefahren
- 220 jugend-reiterabzeichen
- 221 richtig angeln
- 222 richtig bergsteigen
- 223 richtig schwimmen
- 224 richtig skifahren 2
- 225 richtig tauchen
- 226 richtig badmintonspielen
- 227 richtig basketballspielen
- 228 richtig konditionsgymnastik
- 229 sportliche freizeitspiele
- 230 richtig skilanglaufen 2
- 231 teleski

blv sportwissen
- 401 konditionstraining
- 402 konditionstests
- 403 sportmechanik
- 404 tennis-fitness
- 405 kindertraining
- 406 techniktraining

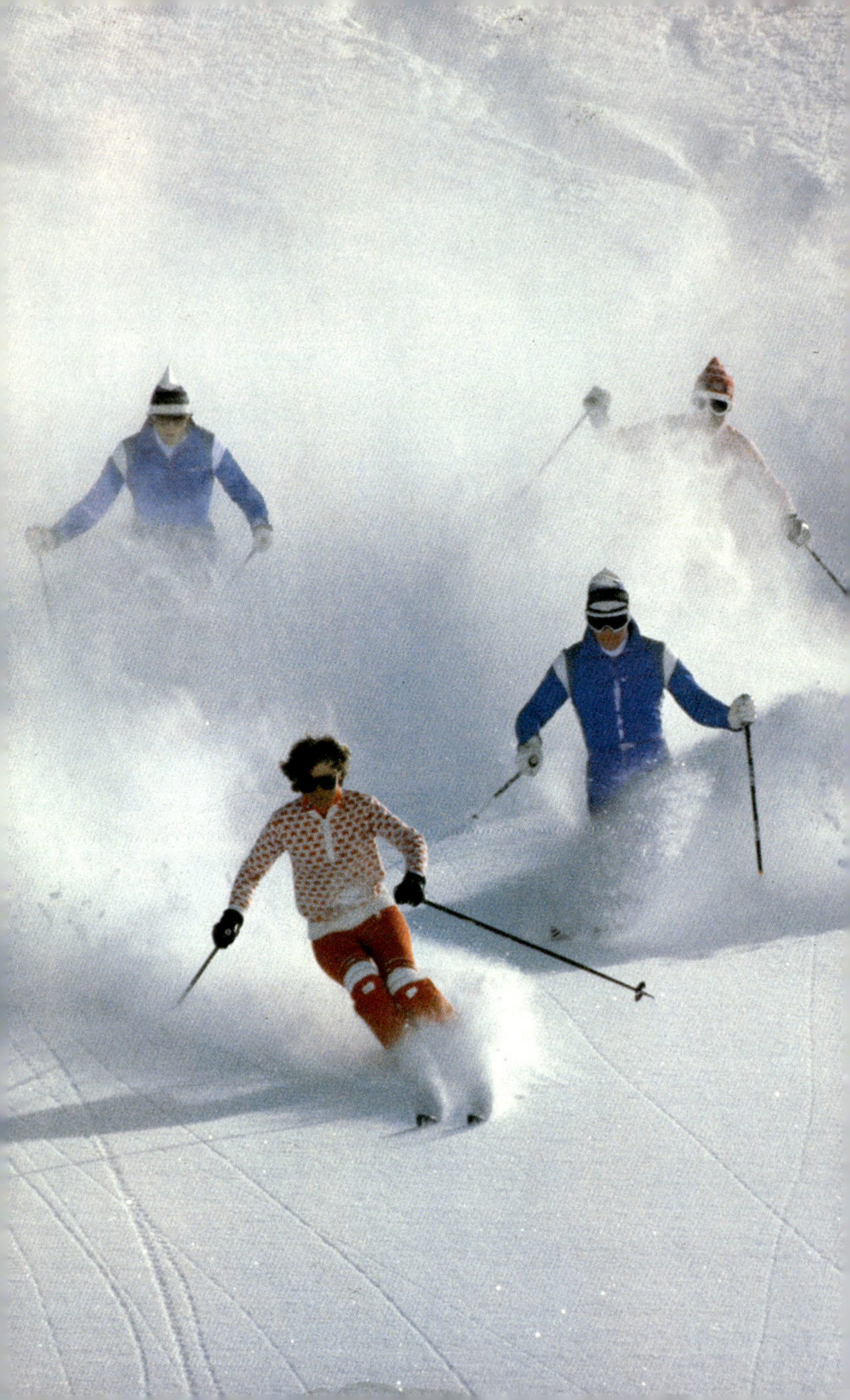

blv sportpraxis

tele ski

Tips und Training
für Piste und Loipe

**Jürgen Kemmler
Manfred Vorderwülbecke**

In Zusammenarbeit mit der
TR Verlagsunion GmbH, München

BLV Verlagsgesellschaft
München Wien Zürich

CIP-Kurztitelaufnahme der Deutschen Bibliothek

Kemmler, Jürgen:
Tele-Ski: Tips u. Training für Piste u. Loipe/Jürgen Kemmler; Manfred Vorderwülbecke. – München; Wien; Zürich: BLV Verlagsgesellschaft, 1982.
  (blv sportpraxis; 231)
  ISBN 3-405-12717-3

NE: Vorderwülbecke, Manfred:; GT

Bildnachweis
Alle Fotos und Bildserien von Peter Stückl und Karl Riedelsheimer/PSF außer:
Archivfoto GEZE S. 40/41
Jürgen Kemmler S. 64, 65
Pisten- und Loipenmarkierung S. 122/123 mit freundlicher Genehmigung des Deutschen Skiverbandes aus der Broschüre »Skigast in den Alpen«.
Titelbild: Peter Stückl
Grafik: Barbara von Damnitz und Egon Quitta

blv sportpraxis 231

© 1982 BLV Verlagsgesellschaft mbH, München

Alle Rechte der Vervielfältigung und Verbreitung einschließlich Film, Funk und Fernsehen sowie der Fotokopie und des auszugsweisen Nachdrucks vorbehalten

Gestaltung: Anton Walter
Satz und Druck: Georg Appl, Wemding
Bindung: Großbuchbinderei Monheim

Printed in Germany · ISBN 3-405-12717-3

Inhalt

TELESKI – TV Serie und Trainingskurs ... 7

Parade der Skistars ... 8
TELESKI in neuer Konzeption . 9
Zu diesem Begleitbuch ... 11
Skisport und Belastung ... 12

Was jeder Skisportler wissen sollte ... 14

Die häufigsten Skiverletzungen ... 14
Die körperlichen Belastungen beim alpinen Skifahren ... 15
Die wichtigsten Muskelgruppen für Skiabfahren ... 16
Die wichtigsten Muskelgruppen für Skilanglaufen ... 18
Die körperlichen Grundeigenschaften ... 20
Die wichtigsten Konditionselemente: Skiabfahren ... 22
Die wichtigsten Konditionselemente: Skilanglaufen ... 22
Kondition und Konditionselemente ... 23

Tips für das Trockentraining ... 24

10 Tips des Sportmediziners für die Skigymnastik ... 26

Imitationsgymnastik ... 28

Gehen – Diagonalschritt ... 30
Doppelstockschub ... 34
Schlittschuhschritt ... 36
Sitonen – Technik ... 38
Grätenschritt – Treppenschritt ... 39
Stürzen – Aufstehen ... 40

Schußfahren ... 42
Pflug ... 44
Pflugbogen ... 46
Schrägfahrt ... 48
Seitrutschen – Beinedrehen ... 50
Grundschwung ... 52
Umsteigeschwingen ... 54
Scher-Umsteigen ... 56
Hochschwung ... 58
Kurzschwung ... 60
Jetschwung ... 62
Ausgleichsschwung ... 64
Weitere Schwungformen ... 66

Fahrtips für Fortgeschrittene ... 70

Buckelpistenfahren ... 70
Tiefschneefahren ... 73

Konditionsgymnastik ... 78

Andere Trainingsprogramme ... 98

Zirkeltraining für den Skiläufer ... 98
Zirkelprogramm für sehr gute Skifahrer ... 98
Trainingsformen der alpinen Ski-Nationalmannschaft ... 100
Übungskatalog ... 101
Wand-Gymnastik ... 106

Trainingsprogramm der TV-Serie ... 108

Sicherheit im Skilauf ... 114

Wichtige Informationen ... 126

Teleski – TV Serie und Trainingskurs

Es ist heute längst kein Geheimnis mehr, daß Skiläufer, die sich körperlich auf die Skisaison vorbereiten, mehr Erfolg, mehr Spaß und vor allem mehr Sicherheit im Schnee finden.
Reihenuntersuchungen in der Chirurgischen Klinik in München bei verletzten Skiläufern ergaben, daß 90% der »Bruchpiloten« sonst keinen Sport und auch keine gezielte Skigymnastik betrieben haben. Die Ärzte sind übereinstimmend der Meinung, daß Skigymnastik eines der wichtigsten Vorbeugemittel gegen ein Gipsbein ist.
Nicht zuletzt aufgrund dieser Erfahrungen bietet der Bayerische Rundfunk seit über 10 Jahren in jedem Herbst einen besonderen Service für die Skifahrer unter den Fernsehzuschauern an: »Tele-Skigymnastik« – ein Skitraining am Bildschirm zum Mitmachen im Wohnzimmer.
Der Erfolg dieser Serie war so groß, daß sich nicht nur fast alle ARD-Programme anschlossen, sondern auch die Fernsehanstalten in Österreich (ORF), der Schweiz (SRG) und Südtirols (RAI/Bozen).

Faszination Tiefschneefahren –
für konditionsschwache Skifahrer jedoch manchmal ein »Alptraum«. Der Könner hat nicht nur eine gute Kondition, sondern auch für jeden Schnee die richtige Skitechnik im Repertoire.

Teleski – TV Serie und Trainingskurs

Parade der Skistars

Die Skisportfreunde unter den Fernsehzuschauern in Deutschland und Österreich erwartet in diesem Winter (1982/1983) ein ganz besonderer Leckerbissen.
In der neuen (13-teiligen) TV-Serie »TELESKI« präsentiert **Manfred Vorderwülbecke** unter der Regie von **Lucky Schmidtleitner** Tips und Trainingsprogramme für Piste und Loipe.

Die Namensliste der Demonstratoren dieser Sendung gleicht einer Starparade der alpinen und nordischen Weltelite: **Erika Hess, Christa Kinshofer** und **Hansi Hinterseer** zeigen das alpine Training, **Susi Riermeier** und der finnische Langlauf-Hüne **Juha Mieto** die Langlauf-Gymnastik.
Bei den Konditionstests am Ende jeder Sendung können sich die Zuschauer bei einem simulierten Rennen auf klassischen Abfahrtsstrek-

ken mit **Irene Epple, Franz Klammer** und **Harti Weirather** messen. **Toni Sailer** entpuppt sich bei seinen Kinderski-Tips als erfahrener und sympathischer »Zwergerl«-Skilehrer.
Zusammen mit einer Familie im Fernsehstudio sollen alle sportbegeisterten Zuschauer zwischen 4 und 60 Jahren bei diesem »TELESKI«-Training aktiv mitmachen.

TELESKI
in neuer Konzeption

Die hohen körperlichen Anforderungen des Skisports an Kraft, Ausdauer, Beweglichkeit und Geschicklichkeit verlangen eine intensive und langfristige Vorbereitung auf den Winter.
Neben bewährten Formen der speziellen Skigymnastik wird in jeder

Teleski – TV Serie und Trainingskurs

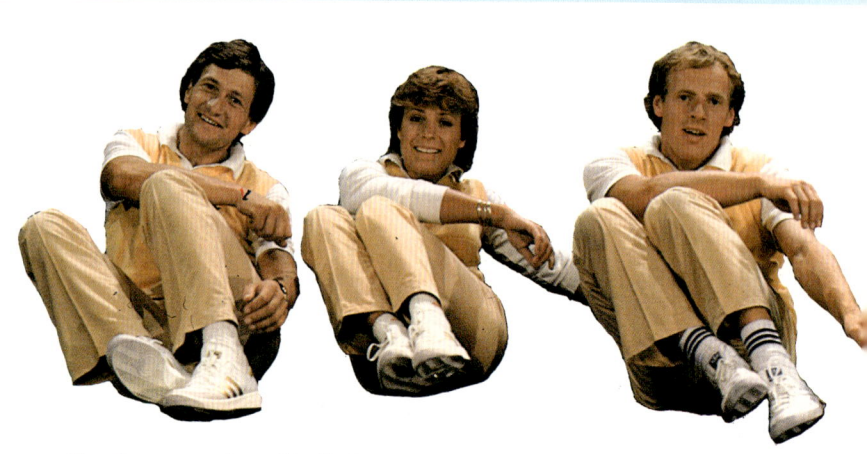

Sendung vor allem für die jugendlichen Zuschauer auch ein allgemeines Konditionstraining im Disco-Stil angeboten.
Filmüberblendungen zeigen bei jeder Übung den Zusammenhang zwischen der Skitechnik (im Schnee) und dem passenden Trokkentraining (im Wohnzimmer).
In den Erholungspausen informieren Kurzfilme die Zuschauer über die modernen Skitechniken und das richtige Verhalten auf Piste und Loipe.

Experten-Tips für Gelände- und Tiefschneefahrer, Ausschnitte aus dem legendären Skifilm »Der Weiße Rausch« und lustige Spots über die FIS-Pistenregeln vervollständigen das »TELESKI«-Programm im Fernsehen.

Zu diesem Begleitbuch

Alle in TELESKI demonstrierten Imitationsformen werden noch einmal, diesmal in methodischer Reihenfolge, an Hand von Bildreihen und Bildern gezeigt – weitestgehend in Verbindung mit der entsprechenden Skitechnik (S. 30 bis 69). Ergänzend dazu werden alle gymnastischen Übungen vorgestellt. Die vielen Bilder sollen also den Bildschirm ersetzen. Neu aufgenommen in dieses Buch wurden ausgewählte Übungen der Konditionsgymnastik (S. 78 bis 96). Schließlich finden Sie noch Spezialtrainingsprogramme für passionierte Skiläufer und Rennläufer auf der Basis des Zirkeltrainings (S. 98 bis 104). Im Anhang des Buches finden Sie Ratschläge und Regeln für die Sicherheit im Skilauf (S. 114 bis 123).

Wenn Sie bei den Sendungen fleißig mitmachen und mit Hilfe des Begleitbuches regelmäßig weitertrainieren, dann müßten Sie eigentlich in jeder Beziehung topfit in die Skisaison gehen. Auch die Fahrtips für Fortgeschrittene (S. 70 bis 77) können Ihnen so manchen skipraktischen Ratschlag für Buckel- und Tiefschneefahren vermitteln.

Skisport und Belastung

Die sportlich-körperliche Betätigung beim Skisport unter teilweise extremen Umweltbedingungen – in großen Höhenlagen, bei Wind, Kälte, Schneefall, sei es in der Loipe oder auf der Piste – stellt besondere Anforderungen an das Herz-Kreislauf-System, an die dabei speziell beanspruchte Skelettmuskulatur, an die Knochen – Gelenke – Bänder passiver Bewegungsapparat) sowie an die psychischen Faktoren: Konzentration, Überwindung von Angst, Unsicherheit und Ermüdung.

In diesem einen Satz kommt zum Ausdruck, welche komplexen Anforderungen der Skisport an den menschlichen Körper stellt. Viele Skisportler sind sich dieser vielfältigen physischen und psychischen Anforderungen nicht bewußt. Deshalb ist es auch nicht verwunderlich, daß es immer wieder zu Skiunfällen kommt, deren Ursache häufig in der Unkenntnis der grundlegenden körperlichen Faktoren, vor allem in konditioneller Hinsicht, liegt. Da heute immer mehr konditionsschwache Personen aus zum Teil alpenfernen Regionen mit dem Skisport beginnen, muß auf die Bedeutung eines entsprechenden Konditionstrainings besonders aufmerksam gemacht werden. Auch TELESKI bemüht sich seit vielen Jahren, dazu beizutragen, daß das Verletzungsrisiko beim Skisport immer mehr verringert wird.

Auf den nächsten Seiten (S. 14 bis 23) wird zusammenfassend und bildhaft dargestellt, was jeder Skisportler wissen sollte, um

- sich und seinen eigenen Körper besser kennenzulernen
- die verschiedenen konditionellen Eigenschaften besser zu verstehen
- die leistungsbestimmenden körperlichen Faktoren gezielter zu trainieren.

Was jeder Skifahrer wissen sollte

Die häufigsten Skiverletzungen

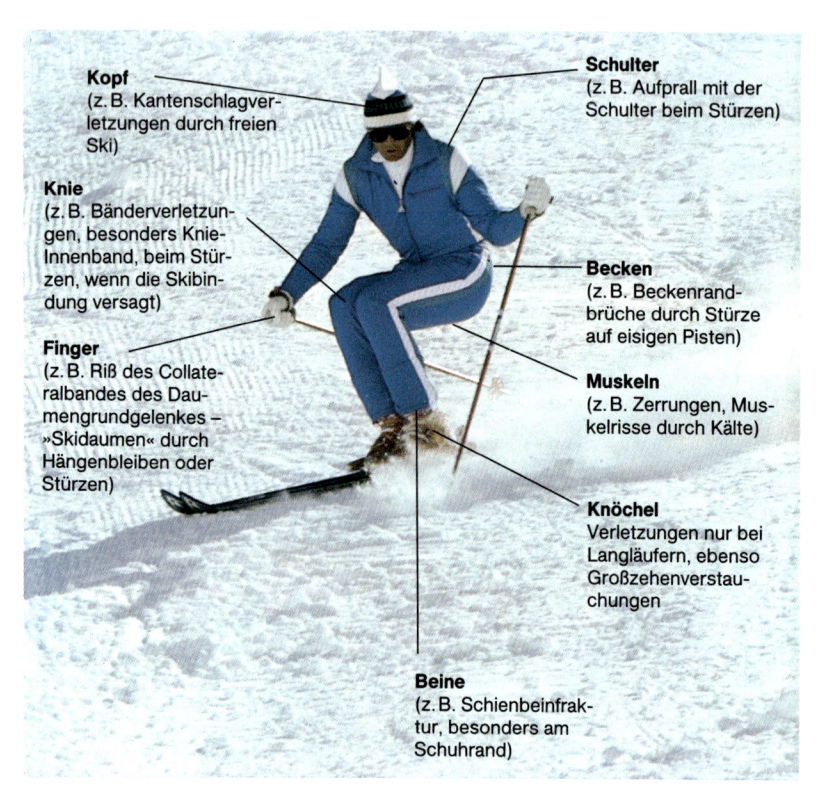

Kopf
(z. B. Kantenschlagverletzungen durch freien Ski)

Knie
(z. B. Bänderverletzungen, besonders Knie-Innenband, beim Stürzen, wenn die Skibindung versagt)

Finger
(z. B. Riß des Collateralbandes des Daumengrundgelenkes – »Skidaumen« durch Hängenbleiben oder Stürzen)

Schulter
(z. B. Aufprall mit der Schulter beim Stürzen)

Becken
(z. B. Beckenrandbrüche durch Stürze auf eisigen Pisten)

Muskeln
(z. B. Zerrungen, Muskelrisse durch Kälte)

Knöchel
Verletzungen nur bei Langläufern, ebenso Großzehenverstauchungen

Beine
(z. B. Schienbeinfraktur, besonders am Schuhrand)

Wichtig zu wissen:

▶ Etwa 70% der Skiunfälle entstehen durch mangelnde Kondition.
▶ Höhe und Klima der Skiregionen stellen für den menschlichen Körper einen erheblichen Streßfaktor dar.
▶ Skilanglauf ist weniger unfallträchtig als Skiabfahren.

▶ Aus der Sicht der präventiven Medizin ist Skilanglauf besser geeignet, kann jedoch bei labilem Blutdruck in der Höhe auch gefährlich sein.
▶ Ideal wäre die Kombination: Vormittags auf die Piste – nachmittags auf die Loipe.

Die körperlichen Belastungen beim alpinen Skifahren

① **Rumpfmuskulatur**
Anpassung und Aufrechterhaltung der Fahrstellung.

② **Schultergürtel und Arme:**
Ausführung der Arm-Stockarbeit.

③ **Knie- und Hüftgelenke:**
Beuge- und Streckbewegungen der Beine – Beinedrehen.

① **Hohe Kreislaufbelastung:**
Gesteigerte Herztätigkeit.

② **Starke Stoßeinwirkung:**
Lendenwirbelsäule – Kniegelenke – gesamter Bandapparat.

③ **Aktive Muskelarbeit:**
Mehr statische Belastung (Haltearbeit) als dynamische. Mehr Kraftausdauer als Maximalkraft.

Wichtig zu wissen:

- ▶ Gelenkschonend sind mittlere Kniebeugestellungen.
- ▶ Extremhaltungen (starke Rumpfverwindung) vermeiden.
- ▶ Kraftsparend fährt man durch dynamische Muskelarbeit (Vertikalbewegung – Umsteigen).
- ▶ Je geringer das Fahrtempo, umso weniger Haltearbeit.
- ▶ Kontrolle der Kreislaufbelastung am besten durch gute Fahrtechnik (ökonomisch) und dosiertes Fahrtempo.

Was jeder Skisportler wissen sollte

Die wichtigsten Muskelgruppen für Skiabfahren

Abfahrtshocke
Nackenmuskulatur
Rückenmuskulatur
Hüft- und Kniestreckmuskulatur
großer Gesäßmuskel
vierköpfiger Oberschenkelmuskel
dreiköpfiger Wadenmuskel

Umsteigeschwünge
Adduktoren der Beine

Scher- und Klammerbewegungen
Hüftlendenmuskel
Adduktoren der Beine
Hüft- und Kniestreckmuskulatur
Extensoren des Fußes
breiter Rückenmuskel

Rotations-, Ausgleichs- und Rumpfdrehbewegungen
großer Brustmuskel
gerade und schräge Bauchmuskulatur
Rückenstreckmuskulatur
Hüftbeugemuskeln
Plattsehnenmuskel

Stockeinsatz
Armstreckmuskeln (dreiköpfiger Armmuskel)
Handbeuge- und -streckmuskulatur
Deltamuskel
Auswärts- und Einwärtsdreher der Hand

Atmung
Brustmuskulatur

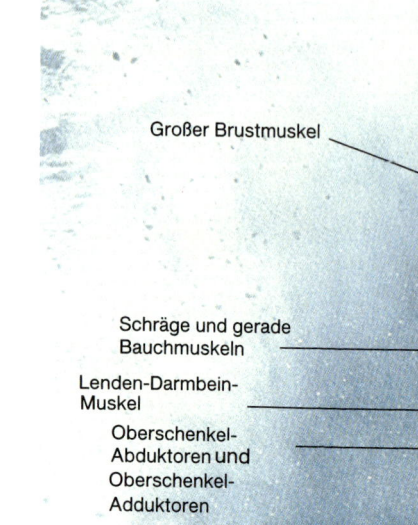

Bildbeschriftung:
Großer Brustmuskel
Schräge und gerade Bauchmuskeln
Lenden-Darmbein-Muskel
Oberschenkel-Abduktoren und Oberschenkel-Adduktoren
Einwärtsdreher des Knies

Nackenmuskulatur
Oberarm-Trizeps
(Arm-Streckmuskeln)

Rückenstrecker

Gr. Gesäßmuskel
Oberschenkel-Bizeps

Oberschenkel-Quadrizeps
Vorderer Schienbeinmuskel

Wadenmuskel

Wichtig zu wissen:

- Die beim Skifahren zu leistende Muskelarbeit konzentriert sich primär auf die Beinmuskulatur, sekundär auf die Rumpfmuskulatur sowie die Armmuskulatur.
- Sportliches Fahren erfordert besondere Kraftausdauer und Schnellkraft in der Hüft- und Kniestreckmuskulatur.
- In der »Eiformstellung« ist vor allem Haltearbeit zu leisten.
- Auch die Rücken- und Bauchmuskulatur (Ausgleichsbewegung) wird beansprucht.
- Armmuskulatur für Stockeinsatz und Stürze notwendig.

Was jeder Skisportler wissen sollte

Die wichtigsten Muskelgruppen für Skilanglaufen

Laufbewegung
Abstoßbewegung:
Hüftstrecken
Kniestrecken
Fußstrecken
Schwungbeinbewegung:
Hüftbeugen
Bauch- und Rückenmuskulatur:
Zur Unterstützung der Abstoßstreckung

Stockeinsatz – Stockschub
Nackenmuskel
Deltamuskel
Trapezmuskel
Großer Brustmuskel
Breiter Rückenmuskel
Dreiköpfiger Armmuskel

Wichtig zu wissen:

▶ Gleichmäßig starke Beanspruchung aller großen Muskelgruppen.
▶ Die Beinmuskulatur ist für die Schubkraft beim Abstoß wichtig.
▶ Die Rumpfmuskulatur (Bauch- und Rückenmuskulatur) unterstützt die Beinstreckung und stabilisiert den Rumpf (z.B. beim Doppelstockschub).
▶ Für den Stockschub ist die Armmuskulatur (Delta-, Trapezmuskel) vorrangig.

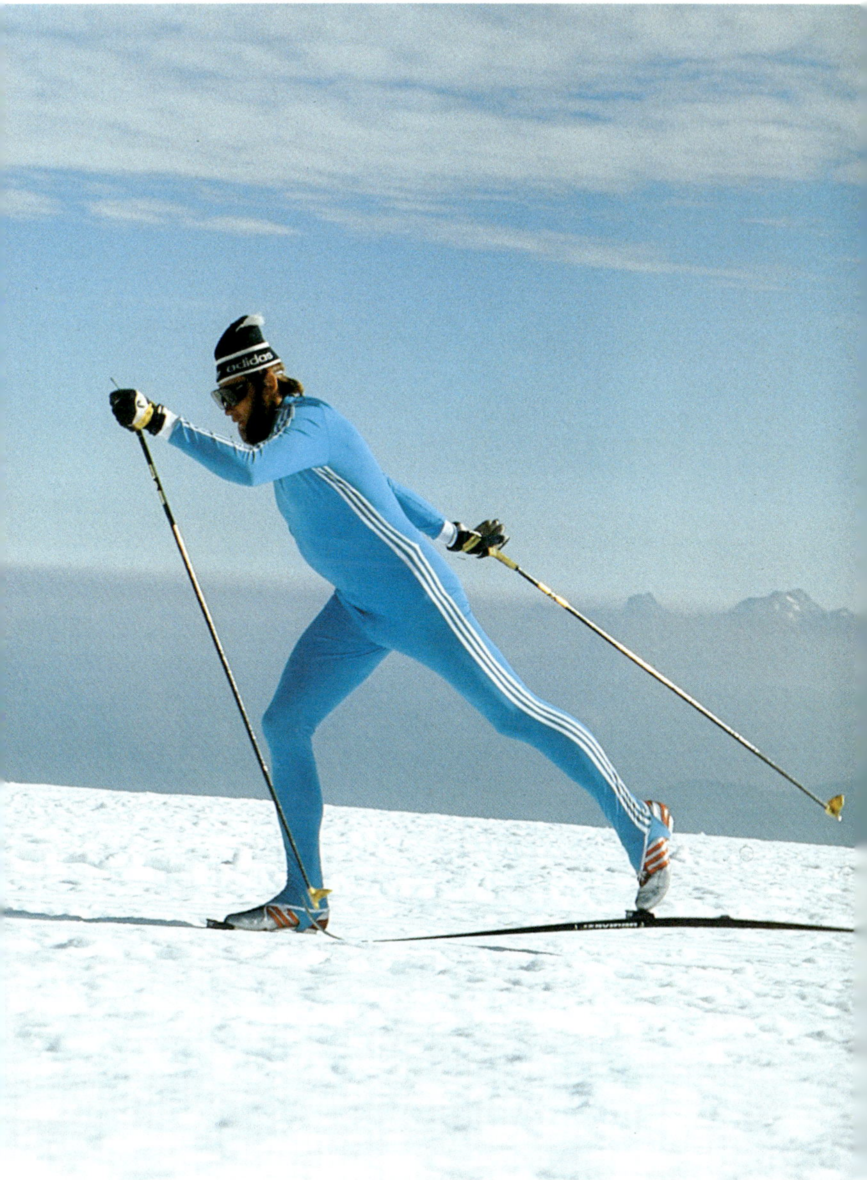
adidas

Die körperlichen Grundeigenschaften

Grundeigenschaften	Bedeutung im alpinen Skisport
Kraft Körperliche Kraft versetzt den Menschen in die Lage, eine Masse – seinen eigenen Körper, ein Sportgerät, eine andere Last – zu bewegen oder gegen eine von außen angreifende andere Kraft Widerstand zu leisten. Die Kraft ist die wichtigste der physischen Grundeigenschaften.	Die Bewegungen beim Skilaufen erfordern eine gewisse Beinkraft, aber auch der Bauch- und Rückenmuskeln. Die Beinkraft ist teils als Haltekraft, teils als Schnellkraft, teils als Kraftausdauer zu trainieren. **Haltekraft** wegen dauernder Beugung im Kniegelenk, z. B. bei der Schußfahrtstellung. **Schnellkraft** wegen Ausführung von schnellen Bewegungen bei hoher Geschwindigkeit, z. B. beim »Schlucken von Buckeln«.
Schnelligkeit Die Schnelligkeit ist diejenige Bewegungseigenschaft, durch die Bewegungsabläufe mit hoher Geschwindigkeit ausgeführt werden können.	Im Sinne der Reaktionsschnelligkeit bei unvorhersehbaren Situationen notwendig. Auch zur Ausführung schneller Drehungen (Slalom).
Ausdauer Die Ausdauer ist die Fähigkeit des Menschen, eine Bewegung über einen längeren Zeitraum hinweg auszuführen und dabei der Ermüdung zu widerstehen.	Skilaufen erfordert nicht nur allgemeine Ausdauer (Kreislaufanpassung), sondern auch spezielle Kraftausdauer (Beine), um über eine oder mehrere Abfahrten hinweg gleiche Leistungen zu bringen.
Beweglichkeit/Gelenkigkeit Sie ist diejenige Eigenschaft des Menschen, die es ihm ermöglicht, alle Gelenke und Gelenkkombinationen ungehemmt mit großer Schwingungsbreite zu bewegen. Die Beweglichkeit ist Voraussetzung für die Herausbildung der Gewandtheit und Schnelligkeit, aber auch der Ausdauer und Kraft.	Ohne ausreichende Beweglichkeit der Wirbelsäule und Gelenke sowie Dehnfähigkeit der Muskulatur ist die Skitechnik nicht perfekt zu erlernen. Große Gelenkigkeit wirkt sich auf die Koordinationsfähigkeit und das Gleichgewichtsvermögen positiv aus.
Gewandtheit/Geschicklichkeit Unter Gewandtheit versteht man eine gute Koordinationsfähigkeit der Motorik des gesamten Körpers auf der Grundlage einer großen Beweglichkeit der Nervenprozesse.	Wichtig bei der zeitlichen und räumlichen Steuerung von Bewegungsabläufen in verschiedenen Fahrsituationen hinsichtlich einer rationellen Technik, Gleichgewichtsvermögen, Wendigkeit der unteren Extremitäten.

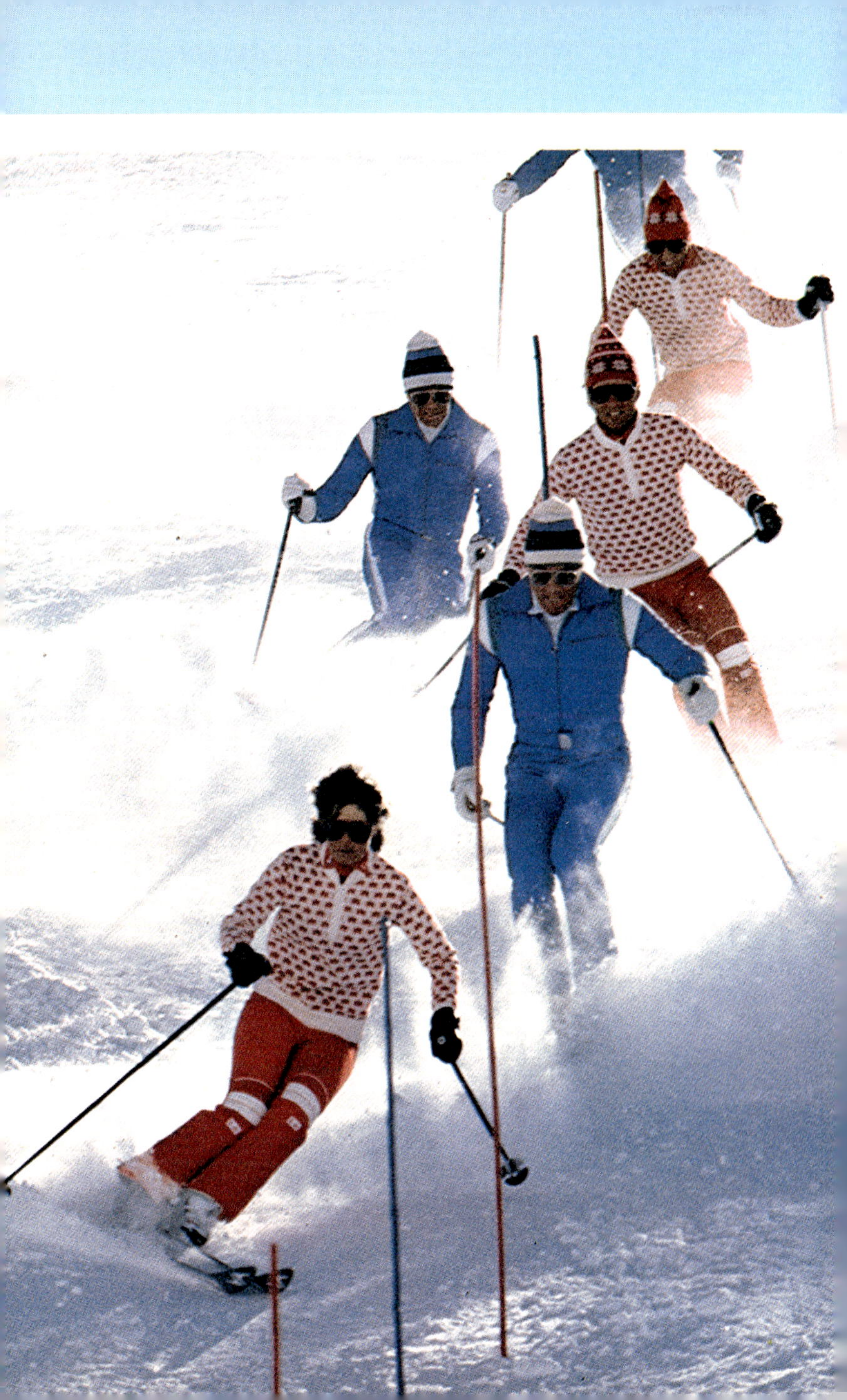

Was jeder Skisportler wissen sollte

Die wichtigsten Konditionselemente: Skiabfahren

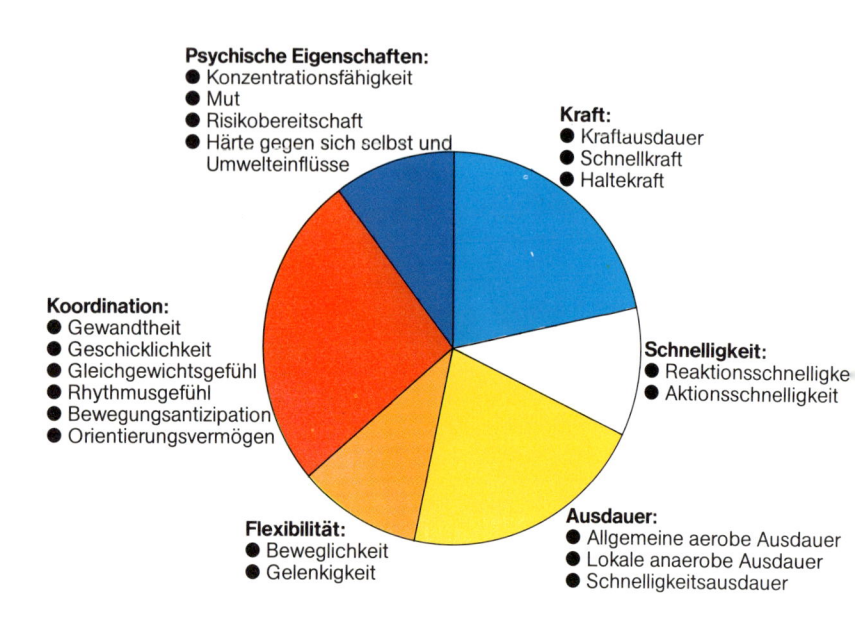

Psychische Eigenschaften:
- Konzentrationsfähigkeit
- Mut
- Risikobereitschaft
- Härte gegen sich selbst und Umwelteinflüsse

Kraft:
- Kraftausdauer
- Schnellkraft
- Haltekraft

Koordination:
- Gewandtheit
- Geschicklichkeit
- Gleichgewichtsgefühl
- Rhythmusgefühl
- Bewegungsantizipation
- Orientierungsvermögen

Schnelligkeit:
- Reaktionsschnelligkeit
- Aktionsschnelligkeit

Flexibilität:
- Beweglichkeit
- Gelenkigkeit

Ausdauer:
- Allgemeine aerobe Ausdauer
- Lokale anaerobe Ausdauer
- Schnelligkeitsausdauer

Die wichtigsten Konditionselemente: Skilanglaufen

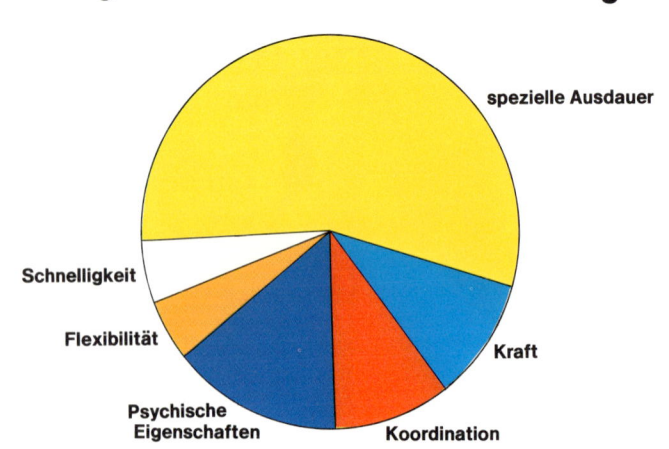

- spezielle Ausdauer
- Schnelligkeit
- Flexibilität
- Psychische Eigenschaften
- Koordination
- Kraft

KONDITION und KONDITIONSELEMENTE

Allgemeine Kondition
bestehend aus **vielseitigen körperl. Fähigkeiten**

wird erreicht durch

Schwimmen, Radfahren
Bergsteigen, Surfen
Spiele aller Art
Rhythm. Gymnastik
Dauerlauf/Jogging
Fitnesstraining u.a.

Konditionsgymnastik

Spezielle Kondition
bestehend aus den sportartspezifischen Elementen

Kraft	Schnelligkeit	Ausdauer	Gelenkigkeit
Training der Maximalkraft, Schnellkraft, Kraftausdauer	Training der Reaktionsschnelligkeit, maximale zyklische Schn., maximale azyklische Schn.	Training der aeroben Ausdauer anaeroben Ausdauer	Training der statischen und dynamischen Gelenkigkeit

wird erreicht durch

Konditionsgymnastik-Training

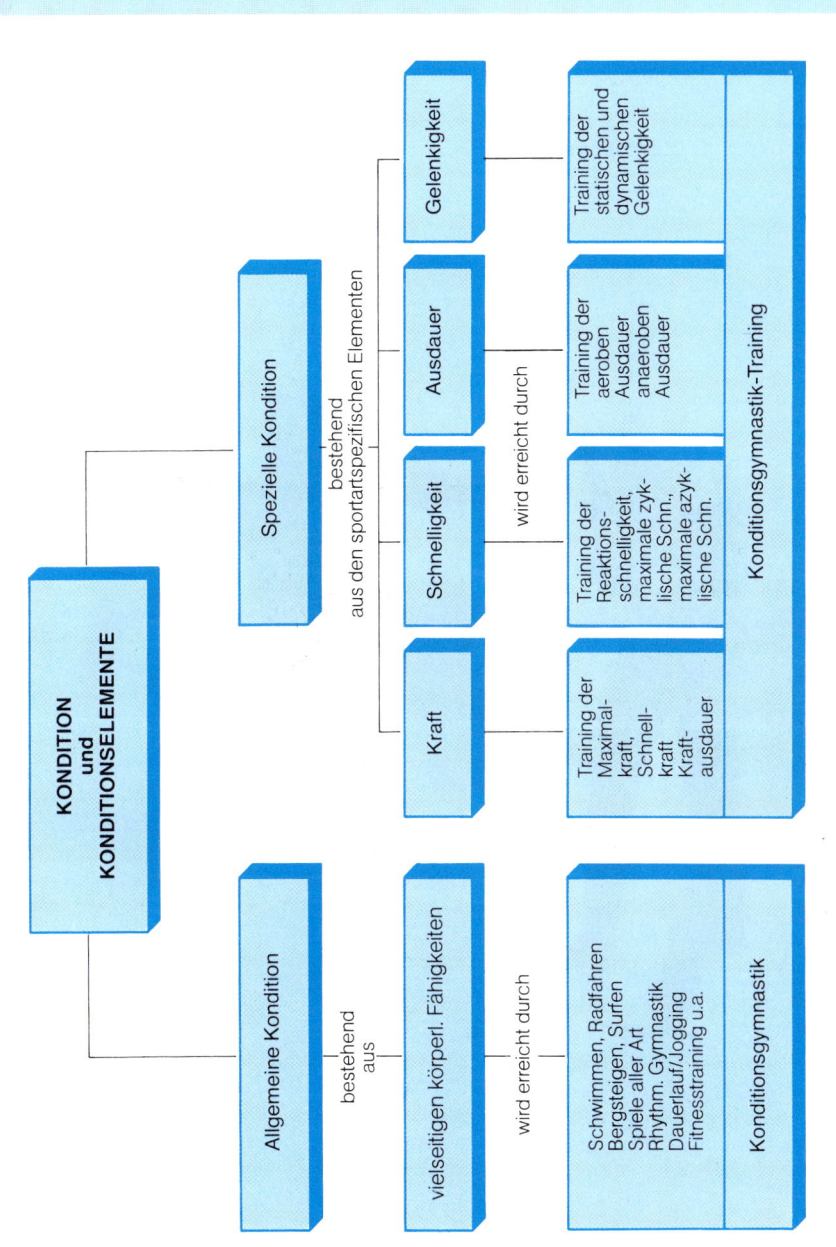

Tips für das Trockentraining

Skigymnastik wird heute via Fernsehen frei Haus geliefert. Der Zuschauer muß dann nur noch selbst entscheiden, ob er lediglich passiver Zuseher oder aktiver Mitmacher ist. Wer sich für das Mitmachen entschieden hat, der kann sicher sein, daß er durch dieses Konditionstraining die Verletzungsgefahr beim Skilauf ganz wesentlich reduziert hat.
TELESKI kann allerdings nur ein Basistraining bieten – mehr nicht. Denn nur eine gezielte konditionelle Vorbereitung mit der richtigen individuellen Dosierung des Trainings im Hinblick auf die beim alpinen Skilauf auftretenden Anforderung und Belastungen entwickelt die richtige Ski-Kondition.
Wer ernsthaft oder gar leistungsorientiert Skisport betreibt, der sollte nach untenstehendem Schema trainieren. Weitere Trainingsprogramme siehe S. 98 bis 104.

Der »Gelegenheits-Skiläufer«, der durch TELESKI vielleicht zur Skigymnastik motiviert wird, sollte unbedingt die folgenden Ratschläge des Sportmediziners auf S. 26/27 beachten.

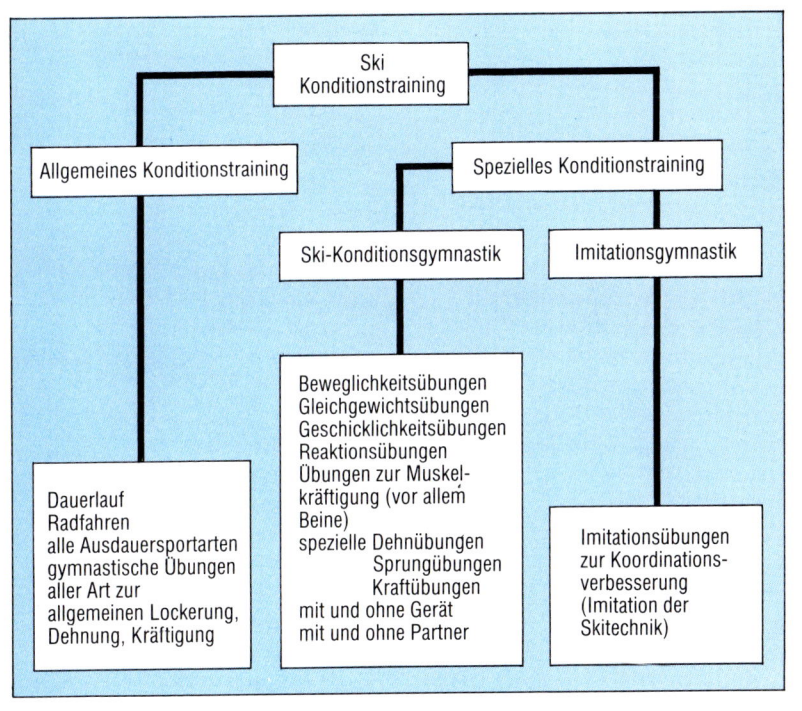

```
                    Ski
              Konditionstraining
                 /        \
Allgemeines              Spezielles
Konditionstraining       Konditionstraining
                          /        \
              Ski-Konditionsgymnastik   Imitationsgymnastik
```

Allgemeines Konditionstraining:
Dauerlauf
Radfahren
alle Ausdauersportarten
gymnastische Übungen aller Art zur
allgemeinen Lockerung, Dehnung, Kräftigung

Ski-Konditionsgymnastik:
Beweglichkeitsübungen
Gleichgewichtsübungen
Geschicklichkeitsübungen
Reaktionsübungen
Übungen zur Muskelkräftigung (vor allem Beine)
spezielle Dehnübungen
Sprungübungen
Kraftübungen
mit und ohne Gerät
mit und ohne Partner

Imitationsgymnastik:
Imitationsübungen zur Koordinationsverbesserung (Imitation der Skitechnik)

Tips für das Trockentraining

10 Tips des Sportmediziners für die Skigymnastik

Zusammenstellung: Prof. Dr. P. Bernett, Mitglied des Medizinischen Beirats des Deutschen Skiverbandes.

① Gesundheit
Körperliche Belastung setzt körperliche Gesundheit voraus. Wer älter ist als 40 und nicht regelmäßig Sport treibt und wer sich nicht leistungsfähig fühlt, sollte vorher den Arzt konsultieren. Bei Grippe z. B. gehört man ins Bett und nicht auf die Turnmatte.

② Gymnastik mit Kindern
Kinder sollten mitmachen ohne Zwang, mit Überlegung und Spaß. Die körperliche Leistungsfähigkeit ist geringer als die der Erwachsenen. Dies bedeutet geringere Trainingsintensität. Die Häufigkeit schwerer Skiverletzungen liegt bei Kindern relativ höher als bei Erwachsenen. Also besonders gute körperliche Vorbereitung von Kindern auf die Sportart Skilauf.

③ Aufwärmen
Vor der Gymnastik müssen Muskeln, Sehnen, Bänder und Gelenke zur Vermeidung von Verletzungen geschmeidig sein, d. h. warm gemacht werden. Das gelingt nicht über wärmende Kleidung, sondern nur durch aktive Muskelarbeit – also Laufen und Hüpfen bis zum leichten Schweißausbruch.

④ Nüchtern trainieren
Ein voller Magen belastet Atmung, Kreislauf und Beweglichkeit. Keine größeren Mahlzeiten zwei oder drei Stunden vorher – keine Einwände gegen eine Tasse Kaffee, Tee oder einige Plätzchen.

⑤ Kniegelenke schonen
Skigymnastik belastet die Kniegelenke besonders. Diese stellen häufig einen schwachen Punkt bei Sportlern dar. Übungen vermeiden, die Beschwerden machen! Dies gilt natürlich für den ganzen Haltungs- und Bewegungsapparat.

⑥ Muskelpflege
Nach größeren Anstrengungen bedeutet Muskelkater nichts Schlimmes, sondern gibt vielmehr ein deutliches Zeichen, wie untrainiert die Muskulatur ist. Muskellockernde Massagen oder auch nur ein heißes Bad können hier viel Gutes tun.

⑦ Oft trainieren
Der Leistungszuwachs ist größer, wenn z. B. täglich einmal 10 Minuten lang trainiert wird als einmal wöchentlich 70 Minuten.

⑧ Ausdauertraining
Mindestens 10 Minuten lang ohne Unterbrechung sich so intensiv dy-

namisch bewegen (Laufen, Bergaufgehen, Radfahren, Schwimmen), daß die Herzschlagfolge 130 pro Minute oder mehr beträgt. Regel: Pulsfrequenz 200 (Jüngere) bzw. 180 (Ältere) minus Lebensalter.
Beispiel:
45jähriger Mann: Trainingsintensität Pulszahl ca. 150/min. Nur Ausdauertraining setzt die notwendigen Anpassungsreize für ein leistungsfähiges Lungen-Herz-Kreislaufsystem.

⑨ Sport macht fit
Nach körperlicher Belastung tritt beim Gesunden ein allseitiges Wohlbefinden ein. Anhaltende Erschöpfung kann ein Warnzeichen bedeuten, dessen Ursache geklärt werden muß.

⑩ Vernünftig Sport treiben
Übertriebener Ehrgeiz kann zur Überlastung und damit zu Verletzungen und Schäden führen. Sport sollte immer eine der herrlichsten Nebensachen des Lebens bleiben.

Franz Klammer und Harti Weirather: Lockerungsübungen der Skiathleten.

Imitationsgymnastik

Als Imitationsgymnastik bezeichnet man die Art der Skigymnastik, bei der bekannte Bewegungsformen, Stellungen und Haltungen aus dem Skilauf einzeln, in der Gruppe oder mit Partnern in einer Art »Trockenskikurs« trainiert werden.

Hier gibt es fast für alle Technikformen und Könnensstufen eine Vielzahl von ausgewählten Übungen. Der Katalog reicht vom einfachen skigemäßen »Gehen und Laufen« über kombinierte Trainingsformen aus dem Bereich der Grundschule, des Parallel- und Umsteigeschwingens bis zur speziellen Imitation von Slalom, Riesenslalom und Abfahrt.
Je nach Kondition und Könnensstufen der Schüler lassen sich somit in der modernen Skigymnastik ganz gezielte und vor allem schülerorientierte **Trainingsprogramme** zusammenstellen.
Ganz typische Bewegungsstrukturen, die sich wie ein roter Faden durch die gesamte Skitechnik ziehen, sollten bereits in der Imitationsgymnastik erklärt und häufig wiederholt werden. Allerdings sollte man auch hier bedenken, daß für die richtige Ausführung ganz bestimmter Skigymnastik-Imitationen eine gewisse Bewegungsvorstellung und rhythmische Ausführung der Bewegung notwendig ist, die vor allem von der individuellen Bewegungserfahrung beim Skifahren geprägt wird. Hier können also Fehler ausgemerzt oder eingeschliffen werden!
Nachfolgend werden in einer Art lehrplangemäßen Aneinanderrei-

hung die bewährten Übungen der Imitationsgymnastik vorgestellt. Nach wie vor liegt der Reiz dieser (mehr oder weniger) bekannten Übungsformen weniger in der Kondition, sondern viel mehr in der Konzentration auf Bewegungsabläufe, die durch die derzeit gültige Skitechnik gymnastisch vorgegeben bzw. weitestgehend nachvollziehbar sind.

Wedelspringen – eine »klassische Imitationsübung« auch für Skistars wie Irene Epple, Franz Klammer und Harti Weirather.

Imitationsgymnastik

Techniktips

Im ebenen Gelände und bei relativ flachen Anstiegen wird beim Skilanglauf der Diagonalschritt angewendet, dem die Bewegung und der Rhythmus des normalen Laufens zugrunde liegen.

Beim Diagonalschritt folgt jedem Abstoß mit einem Ski ein Gleiten auf dem anderen. Der Beinabstoß ist der Hauptantrieb für das Vorwärtsgleiten, er wird gleichzeitig vom Abstoß mit dem Stock unterstützt. Wesentlich ist die fast

Imitation
Gehen – Diagonalschritt

- Aus dem leicht gebeugten Stand (Beine nebeneinander) schwungvolles Armschwingen als Vorübung für Gehen und Laufen.
- Vorwärtsgehen mit bewußtem Schleifen der Beine am Boden und Vorlage des Oberkörpers.
- Training des Abstoßes: aus mittlerer Beugestellung heraus kräftige Streckbewegung eines Beines in Hüft-, Knie- und Fuß-

Gehen – Diagonalschritt

gleichzeitige Abstoßstreckung des Beines und des gegenüberliegenden Armes, während der andere Arm und das andere Bein vorschwingen bzw. vorgeschoben werden. Die Gesamtbewegung läuft in rythmischer Folge ab.

Hüft-, Knie- und Fußgelenke werden vor dem Abstoß stärker gebeugt, der Körperschwerpunkt etwas gesenkt und nach vorne geschoben. Nach dem Abstoß pendeln Bein und Arm entspannt nach hinten, um anschließend locker

gelenk (nacheinander) und gegengleichem Vorhochschwingen eines Armes. Mehrmals hintereinander nach einer Seite üben, dann im Wechsel links und rechts, im Stand und im Vorwärtsgehen.

Erklärung:
Die jeweils schrägstehend gesetzten Texte beschreiben die abgebildeten Fotos.

- »Diagonalschritt«: Sprungwechsel mit Ausfallschritt.
- *Ausfallschritt: Armschwingen vor und zurück in rhythmischer Folge.*

wieder nach vorne zu schwingen. Der Fuß wird etwa auf Höhe des Gleitbeines oder knapp dahinter in die Spur gebracht.

Der Bewegungsablauf zeigt im einzelnen folgende Phasen:

Abdruck –
Gleiten bis zum Stockeinsatz –
Zugphase während des Stockschubes –
Gleiten nach dem Stockschub also:
Abdruck – Gleiten – Ziehen.

Der rhythmische Wechsel von Spannung und Entspannung beim Doppelstockschub bietet sogar im Wettkampf kurzfristige Erholungsphasen.

Perfekte Demonstration der Langlauftechnik im Gleichschritt der Bewegung. In Aktion hier Mitglieder des deutschen nordischen Ski-Nationalkaders.

Imitationsgymnastik

Techniktips

In der schnellen, ebenen Spur und in abfallendem Gelände bewährt sich am besten die Doppelstock-Technik. Die einfachere Form ist der Doppelstockschub **ohne** Zwischenschritt.
Die wesentlichen Phasen:

1. Stockeinsatz – je nach Gleitgeschwindigkeit zwischen Skispitzen und Bindung
2. Zug mit kräftiger Rumpfbeuge – und Schub bis zur endgültigen Streckung der Arme
3. Nach dem Schub wird der Körper aufgerichtet und

Imitation Doppelstockschub

■ *»Doppelstockschub«: Aus dem aufrechten Stand der Arme kräftig vor- und zurückschwingen. Beim Vorschwingen aufrichten, beim Zurückschwingen Herabbeugen des Oberkörpers und Kniebeugen. Beim Aufrichten einatmen, beim Herabbeugen ausatmen. Die Betonung liegt beim Zurückschwingen.*

■ *Dasselbe mit einem wechselseitigen Beinabstoß ausführen, also beim Aufrichten ein Bein*

Doppelstockschub

4. die Arme und Stöcke werden bis zur völligen Körperstreckung nach vorne geschwungen.

Der Doppelstockschub erlebt in den letzten Jahren eine enorme Entwicklung nicht zuletzt durch die immer bessere Gleitgeschwindigkeit der Ski.

Wenn die Spur schnell wird und der Doppelstockschub zur Beschleunigung nicht ausreicht, dann wird er mit einem vorausgehenden Beinabstoß kombiniert: man spricht hier von Doppelstockschub **mit** Zwischenschritt.

nach hinten strecken und beim Zurückschwingen der Arme wieder beisetzen.

Imitationsgymnastik

Techniktips

1. Spurwechsel

Jeder Skilangläufer ist beim Überholmanöver gezwungen, die Spur zu wechseln – und er soll dabei möglichst nicht aus dem Laufrhythmus kommen.

Der Bewegungsablauf beim Spurwechsel ähnelt der Doppelstocktechnik mit Zwischenschritt. Ein Ski wird jedoch seitlich ausgewinkelt und belastet, der zweite nachgezogen und in die neue Spur gestellt. Besonders wichtig: Rhythmus nicht unterbrechen!

2. Schlittschuhschritt

Der Schlittschuhschritt beim Langlauf ist der Technik beim Eislaufen

Imitation
Schlittschuhschritt – Langlauf Spurwechsel

■ »Schlittschuhschritt«: Wechselspringen nach links und rechts mit betontem Auspendeln des hinteren Beines.

Steigerung: Den Oberkörper weit nach vorne beugen, die Hände dabei auf dem Rücken verschränken und jeden Sprung ganz weich abfedern.

■ Schlittschuhschritt-Springen auch im Liegestütz.

Schlittschuhschritt

sehr ähnlich. Die perfekt präparierten Loipen erlauben allerdings den Einsatz dieser Technik nur noch selten, da bei Spuren die Sturzgefahr groß ist.
Jeder Läufer sollte den Schlittschuhschritt trotzdem beherrschen und im Training üben, da man es mit dieser Technik auf ökonomische Art und Weise auf ein hohes Tempo bringt. Der Schlittschuhschritt läuft in der Aneinanderreihung von Doppelstockschub – Schritt – Doppelstockschub ab. Dabei werden abwechselnd der linke und der rechte Ski ausgewinkelt, das Gewicht auf den ausgewinkelten Ski verlagert und der unbelastete Ski beigezogen.

3. Sitonen-Technik
In jüngster Zeit sieht man im Wettkampf immer häufiger eine tempobetonte Technik, die unter dem Begriff Sitonen-Technik bekannt wurde.
Genau gesagt handelt es sich dabei um einen einseitigen Schlittschuhschritt mit Doppelstockschub – während der andere Ski in der Spur bleibt. Bei der Sitonen-Technik beschleunigt der Läufer, indem er einen Ski in der Spur als Gleitski hält und sich vom anderen ausgewinkelten Ski kräftig abstößt, wobei er mit Doppelstockschüben nachhilft.
Diese Technik ist ziemlich schnell und relativ problemlos, da der Läufer mit einem Ski in der Spur Richtung und Gleichgewicht gut unter Kontrolle hält, während er sich vom ausgewinkelten Ski kräftig abstoßen kann und diesen Abstoß mit einem Doppelstockschub unterstützt.

Imitation
- *Sitonen-Technik:*

In der Hockstellung abwechselnd ein Bein seitlich wegstrecken.
- Aus der aufrechten Ausgangsstellung in die Hocke gehen und dabei jeweils ein Bein seitlich wegspreizen.

Techniktips Aufsteigen
Der erste skiläuferische »Aufstieg« wird nicht mit dem Lift unternommen, sondern mit Hilfe der Aufstiegsarten bewältigt. In leicht ansteigendem Gelände wendet man am besten den Grätenschritt an. Dazu muß man die Ski vorne öffnen, je steiler der Hang, desto größer der Winkel; die Ski werden dann beim Aufsteigen abwechselnd kräftig mit den Innenkanten in den Schnee gedrückt, jeweils in der Fallinie mit betontem Belastungswechsel und Stockunterstützung.
Im steileren Gelände steigt man im kraftsparenden Treppen- bzw. Halbtreppenschritt auf. Die Bewegung des Treppenschritts entspricht genau dem üblichen Treppensteigen, nur seitwärts ausgeführt. Bei hartem Schnee können die Ski nur auf den Kanten gehalten werden, wenn man bei jedem Schritt die Knie bergwärts drückt.

Imitation
Aufsteigen: Grätenschritt – Treppenschritt

- »Grätenschritt«: Vorwärtsgehen auf der Innenkante der Füße im Grätenschritt.
- »Treppenschritt«: Seitliches Gehen im Nachstellschritt mit kräftigem Kanten der Füße (auch am Ort).

Imitationsgymnastik

Imitation Stürzen – Aufstehen

- Aus dem Stand fallenlassen seitwärts, vorwärts und rückwärts. Immer mit den Armen den Sturz abfangen, elastisches Abrollen, Beine abheben vom Boden und sofort auf gleichem Wege aufstehen.

Stürzen – Aufstehen

Stürzen beim Skilaufen – ein Risiko für Anfänger und Könner gleichermaßen.
Um darauf vorbereitet zu sein, sollte man schon vorher wissen, wie man richtig fällt und vor allem wie man wieder aufsteht. Auf jeden Fall sollte man noch im Fallen versuchen, den Sturz zu kontrollieren. Also kein passives Fallenlassen, sondern mit möglichst gestrecktem Körper aufkommen, sich zum Hang hindrehen und abrutschen.
Beim Aufstehen hilft Kraft allein nicht, wenn Geschicklichkeit und Beweglichkeit fehlen.

- *Aus dem Kniestand abwechselnd nach links und rechts absetzen und mit Schwung wieder hoch.*
  (Wer es nicht ganz schafft, darf zunächst mit dem Arm ein bißchen mithelfen).

- Fallen und Aufstehen auch aus dem Gehen und Laufen trainieren.
- Aus dem Schneidersitz aufstehen und wieder absitzen, mit und ohne Armhilfe. Vorsicht bei Knieverletzungen.

Imitationsgymnastik

Techniktips

Die Schußfahrtstellung, die man beim Abfahren einnimmt, ist die Grundfahrtstellung des Skiläufers. Je lockerer sie ist, um so besser. Beide Ski liegen, gleichmäßig belastet, völlig flach auf dem Schnee, Stand auf der ganzen Sohle. Die Skistellung ist am Anfang offen (fuß- bis hüftbreit). Die Fuß-, Knie- und Hüftgelenke werden leicht gebeugt, so weit, daß man Geländeunebenheiten sowohl durch Beugen als auch durch Strecken aus-

Imitation Schußfahren

- In der Schußfahrtstellung (Stand auf der ganzen Sohle) weiches Federn und Wippen, gleichmäßige Beugung der Gelenke.
- Dasselbe auf einem Bein, abwechselnd links und rechts.

Schußfahren

gleichen kann. Die Körperachse soll sich möglichst immer der Neigung des Geländes anpassen, sie steht normalerweise immer rechtwinklig zur Neigung des Hanges. Manchmal ist es erforderlich, mehr Vorlage (Ballendruck) einzunehmen, manchmal mehr Rücklage (Fersendruck) zu haben. Die Stökke werden getragen.

- *Wechsel zwischen aufrechter Schußfahrtstellung und tiefer Hocke, zwischen Vorlage und Rücklage.*
- Wechsel zwischen Kniestand und Schußfahrtstellung.
- In der Eiformstellung federn.
- Wechsel von Kniestand und Eiform.
- Wechselndes Einnehmen von verschiedenen Fahrstellungen aus dem Laufen und Springen heraus.
- In der Eiformstellung vorwärts, rückwärts und seitwärts springen.

Imitationsgymnastik

Imitation Pflug

- *Rhythmisches Pflugspringen: Wechsel der Winkelstellung, einmal kleiner, einmal größer, langsamer und schneller, mit und ohne Nachfedern. Die Hände im Hüftstütz.*
- Federn in der Pflugstellung, auch in Verbindung mit Armschwingen.
- »Schußfahrt-Pflug«: Aus der Schußfahrtstellung die Beine hüftbreit geöffnet, Tiefgehen und Beinedrehen. Dabei die

Pflug

Techniktips

Nach wie vor ist der Pflug eine beliebte Bremshilfe für Anfänger, vor allem in kritischen Situationen. In der Pflugstellung sind beide Skienden ausgewinkelt, die Skispitzen etwa eine Handbreite auseinander und beide Ski gleichmäßig belastet. Im Gleitpflug werden die Knie vorwärts-einwärts in eine leichte X-Beinstellung gedrückt. Dadurch werden die Ski nach innen gekantet. Der Oberkörper nimmt eine ungezwungene Stellung ein, die Stöcke werden seitlich getragen. Zwei Phasen sind beim Pflug zu erlernen:

Schußfahrt-Pflug: Schußfahrtstellung, die Knie leicht gebeugt; beim Tiefgehen (Entlastung) werden die Skienden mit beidseitigem Beinedrehen nach außen geschoben, während gleichzeitig die Knie vorwärts-einwärts gedrückt werden.

Pflug-Schußfahrt: Aus der Pflugstellung werden die Ski geschlossen, indem man sich etwas aufrichtet. Dabei löst sich automatisch der Kantengriff, man kann so allmählich die Ski zusammenlaufen lassen.

Fersen nach außen drehen. Bewegung mehrmals rhythmisch aneinanderreihen, also fortlaufende Tief-Hoch-Tief-Bewegung.
- Pflugstellung: Springen mit Schließen der Beine in der Luft, weichem Landen in Pflugstellung.

- *Im Liegestütz: Pflugspringen.*
- »Pflug-Schußfahrt«: Aus der Pflugstellung Hochgehen, dabei die Beine schließen, beim Schließen die Fußsohlen am Boden schleifen lassen. Dann wieder zurückspringen.

Imitationsgymnastik

Techniktips

Der Pflugbogen ist die erste Richtungsänderung in Pflugstellung. Er erschließt dem Anfänger auch die ersten Abfahrten abseits vom Übungshang. In der Pflugfahrt wird durch eine rhythmische Tief-Hoch-Tief-Bewegung ein Bogen an den anderen gereiht. Beim Tiefgehen wird der jeweils bogenäußere Ski durch ein einbeiniges Beinedrehen aus der Richtung gedreht. Der

Imitation Pflugbogen

- *In der Pflugstellung Fersen nach außen gedreht, Fußspitzen nach innen; Beine leicht gebeugt, die rhythmische Pendelbewegung des Oberkörpers üben. Die Hüfte bleibt dabei möglichst ruhig.*

Pflugbogen

Oberkörper beugt sich gleichzeitig ausgleichend vorwärts-seitwärts. Das bewirkt eine zusätzliche Belastung und Beschleunigung der Drehung. Beinedrehen nach rechts – Bogen nach links und umgekehrt.

Im Verlauf des Bogens wird durch die stärkere Beugung des äußeren Knies auch ein verstärkter Kanteneinsatz erzielt.

- Wie vorher, jedoch mehr und mehr die Pendelbewegung des Oberkörpers mit der Tief-Hoch-Tief-Bewegung verbinden.
- Die stärkere Beugung des äußeren Beines besonders beachten!

- Wie vorher, die Hände in die Hüften gestützt bzw. in Seithalte.
- »Pflugwedeln«: Schnelles wechselseitiges Beinedrehen in der Pflugstellung (»Pflug-Twist«).

Imitationsgymnastik

Imitation Schrägfahrt

- *Wechsel von Schußfahrtstellung und Schrägfahrtstellung. Besonders auf die Kniebewegung vorwärts-einwärts (Kantengriff) Wert legen. Auch mit schnellem Kantenwechsel.*
- Wechsel der Schrägfahrtstel-

Schrägfahrt

Techniktips

Um Schrägfahren zu können, müssen die bergseitigen Kanten der Ski verstärkt eingesetzt werden. Die Ski sind parallel, leicht geöffnet, die Knie werden zum Aufkanten vorwärts-bergwärts gedrückt. Der Oberkörper nimmt als Ausgleich dazu eine Außenlage ein (Vor-Seitbeugen). Die Stöcke werden seitlich vom Körper getragen. Die Schrägfahrtstellung hat sich nach der Neigung des Hanges zu richten, also je steiler und glatter der Hang, um so stärker müssen die Ski gekantet werden. Normalerweise beidbeinige Skibelastung, wenn der Hang steiler wird, mehr und mehr Talskibelastung. Auch die Außenlage des Oberkörpers soll sich der Kniebeugung vorwärts-bergwärts anpassen.

lung, dabei das Vor-Seitbeugen des Oberkörpers trainieren.
- Zur Hüftbeweglichkeit: alle Formen des Rumpfbeugens und Rumpfdrehens in Verbindung mit der Schrägfahrtstellung üben.

Imitationsgymnastik

Techniktips

Mit Hilfe des Seitrutschens kann man im steilen Gelände bremsend abrutschen. Ausgelöst wird das Seitrutschen entweder durch Tiefgehen mit Beinedrehen oder durch Flachstellen der Ski, wobei die Kantenstellung mehr oder weniger entfällt.

Voraussetzung für das Flachstellen und Kanten der Ski ist das Beugen der Beine, das die seitliche Beweglichkeit im Kniegelenk ermöglicht. Dosiertes Flachstellen und Aufkan-

Imitation Seitrutschen – Beinedrehen

- Hoch- und Tieffedern im Stand.
- »Beinedrehen«: Aus dem aufrechten Stand tiefgehen, beim Tiefgehen die Fersen nach außen drehen. Zuerst mehrmals nach einer Seite, dann nach links und rechts im Wechsel, mit rhythmischem Beugen und Strecken der Beine.
- Steigerung: Beinedrehen nach links und rechts ohne Aufrichten, nur aus den Beinen heraus.

Seitrutschen – Beinedrehen

ten der Ski schult das so wichtige Gefühl für die Skiführung und ist deshalb Bestandteil jeder Skischule. Beinedrehen und Schwung bergwärts werden am besten an einer Geländekante oder auf einem Buckel durch eine Tiefbewegung der Beine aus der Schrägfahrt ausgelöst. Beim Tiefgehen (Entlastung) werden dann die Skienden talwärts aus der Richtung geschoben. Der Schwung bergwärts kann aber auch durch Streckdrehen ausgelöst werden. Die Schwungsteuerung erfolgt durch ein dosiertes Aufkanten der Ski. Wichtig für die Steuerung ist auch eine entsprechende Verwindungsbewegung in der Hüfte gegen die Schwungrichtung. Durch die verschiedene Dosierung der Tiefbewegung sowie durch eine wechselnde Anfahrtrichtung (von der Schrägfahrt bis zur Fallinie) ergibt sich entsprechend ein kurzer, mittlerer oder langer Schwung.

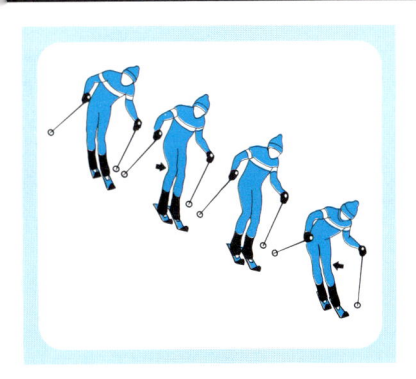

- »Schwungsteuerung«: Mehrmaliges Beinedrehen nach einer Richtung.
- Beinedrehen im Kreis, links herum und rechts herum.
- Im Hockstütz: Beinedrehen im Wechsel nach links und rechts.

Techniktips Grundschwung

Der Grundschwung macht den Anfänger »geländegängig«, mit ihm gelingen die ersten schwungartigen Richtungsänderungen über die Fallinie. Seine Ausführung ist einfach: Aus der Schrägfahrt mit offener Skistellung kommt man durch beidseitiges Beinedrehen in die Pflugstellung. Daran schließt sich ein Pflugbogen bis mindestens zur Fallinie an. Durch Abstoß und Hochgehen sowie Beidrehen des Innenskis werden die Ski dann

Imitation Grundschwung

- *»Pflugschwung«: Aus der Pflugstellung Abdruck von einem Bein und Hochgehen, Beisetzen des Beines zur Schrägfahrtstellung und Tiefgehen. Mehrmals hintereinander nach einer Seite*

aus der Fallinie in die neue Richtung gedreht, wo der Schwung durch leichtes Seitrutschen im Tiefgehen in offener Skistellung gesteuert wird.
Der Grundschwung kann ohne und mit Stockeinsatz gefahren werden, wobei der Stockeinsatz den Abdruck vom bogeninneren Ski und das Umsteigen auf den Außenski, vor allem bei der kürzeren Aneinanderreihung von mehreren Grundschwüngen (rhythmische Grundschwünge) erleichtern kann.

ausführen. Links-rechts im Wechsel in verschiedenem Rhythmus.
- »Grundschwung«: Rhythmische Aneinanderreihung dieser Bewegung: Schrägfahrtstellung, Auswinkeln zur Pflugstellung, Abdruck von einem Bein und Hochgehen, Beisetzen, Tiefgehen und Beinedrehen, Schrägfahrtstellung.
- Dasselbe im Liegestütz.

Imitationsgymnastik

Imitation Umsteigeschwingen

- »Stemm-Umsteigen« (Bergstemme): Aus der Schrägfahrtstellung Auswinkeln zur Stemmstellung, Abdruck und Hochgehen, Beisetzen und Tiefgehen in die neue Schrägfahrtstellung.

Umsteigeschwingen

Techniktips

Charakteristisch für die Technik des Umsteigens ist der Belastungswechsel. Abhängig von der jeweiligen Skistellung vor dem Umsteigen und der Art der Ausführung des Umsteigens ergeben sich viele Variationen dieser Technik.
Der grundsätzliche Bewegungsablauf bleibt aber immer gleich: Aus der Schrägfahrt oder einem vorausgehenden Schwung kommend, belastet der Skifahrer zunehmend den Talski, und versucht, indem er das talseitige Knie vorwärts-bergwärts drückt, den Abstoß vom Talski vorzubereiten. Nach einem energischen Drehabstoß mit Stockeinsatz steigt er dann auf den anderen Ski um und beginnt die nächste Richtungsänderung. Während der Drehung folgt ein Umkanten des jetzt belasteten Skis, gleichzeitig wird der Abstoßski beigeholt. Durch schneidendes Drehen der Beine, verstärkten Kantengriff sowie Vor-Seitbeugen des Oberkörpers wird der Schwung gesteuert.
Der Schwung wird meistens durch Rotation ausgelöst, beim Drehen und Umkanten ergibt sich ein starker Kantendruck. Der Schwung wird meistens durch Torsion gesteuert.
Stemm-Umsteigen: Hier wird entweder der Bergski oder der Talski vor dem Umsteigen ausgewinkelt.

- »Parallel-Umsteigen« (offen): Schrägfahrtstellung, paralleles Öffnen der Beine mit einem Schritt seitwärts, Abdruck und Hochgehen, Beisetzen und Tiefgehen in die neue Schrägfahrtstellung.

- *»Schnellend Umsteigen«: Kräftiges und schnelles Springen von einem Bein auf das andere zur Seite in rhythmischer Folge.*

Dadurch ergibt sich eine mehr oder weniger starke Bremswirkung.
Parallel-Umsteigen: Diese Schwungform kann mit offener und geschlossener Skistellung gefahren werden. Ein gleitender Schwung für gute Skiläufer, der auch im Rennlauf besonders beliebt ist.
Umsteigen mit schnellendem Ab-

Imitation »Scher-Umsteigen«

- *Das Abstoßen und Umsteigen läßt sich am besten durch Schlittschuhschrittspringen aus ziemlich gebeugter Körperstellung trainieren.*

stoß: Eine dynamische Variante ist das Umsteigen mit schnellendem Abstoß (Umsteige-Kurzschwingen) eine rhythmische Aneinanderreihung kurzer Umsteigeschwünge.

Scher-Umsteigen: Vor allem im Rennsport angewendet, ermöglicht das Aufscheren des Bergski ein schlittschuhschrittartiges Beschleunigen beim Schwingen.

- »Scher-Umsteigen«: Schrägfahrtstellung, schrittartiges Auswinkeln eines Beines zur Seite mit nach außen gerichteten Fußspitzen, Abstoß und Umsteigen auf das ausgewinkelte Bein, Beisetzen und Schließen zur neuen Schrägfahrtstellung, Tiefgehen.
- Als Vorübung kann man zuerst nur das wechselseitige schrittartige Auswinkeln trainieren. Erst weite, dann lange Schritte machen.

Imitationsgymnastik

Techniktips

Der Hochschwung ist eine »klassische« Richtungsänderung im Ski-lauf und nach wie vor das Ziel eines jeden Skifahrers. Dabei erfolgt die Richtungsänderung über die Fall-

Imitation Hochschwung

- *»Hochschwung«: Beidbeinige Wechselsprünge nach links und rechts mit kräftigem Abstoß und weichem Landen. Mehrere Sprünge rhythmisch aneinanderreihen (»Wedelhüpfen«).*

Hochschwung

linie durch eine Tief-Hoch-Tief-Bewegung, verbunden mit einem beidbeinigen Abstoß. Aus der Anfahrt in der Schrägfahrt werden die Ski nach einem Schwung bergwärts (Tiefbewegung) zuerst aufgekantet. Das Aufkanten ist notwendig für den darauffolgenden beidbeinigen Drehabstoß (Hochbewegung) zur Schwungeinleitung. Dann werden die Ski umgekantet und im Tiefgehen in die neue Richtung gedreht. Während des Kantenwechsels und Beinedrehens paßt sich der Oberkörper der Bewegung entsprechend an. Der Drehabstoß wird durch den Stockeinsatz unterstützt. Die Schwungsteuerung beim Tiefgehen wird mit einer Verwindungsbewegung in der Hüfte und dem Vor-Seitbeugen des Oberkörpers kombiniert. Die flüssige Tief-Hoch-Tief-Bewegung wird so dosiert, daß ein gleitender Kantenwechsel vollzogen werden kann und ein gleichmäßiger Schwungradius entsteht.

Dem Ungeübten helfen ausgeprägtere Vertikalbewegungen bei der Schwungauslösung und Schwungsteuerung – auch bei langsamerem Fahrtempo.

Am runden und gezogenen Schwingen erkennt man den Meister.

Die richtige Dosierung, sowohl der Vertikal- als auch der Drehbewegungen, ist bei langen Schwungradien schwieriger als bei kurzen.

- Zur speziellen Rhythmusschulung: »Viereckspringen«.
- Zur Verfeinerung der Tief-Hoch-Tief-Bewegung: Fortlaufend Beinedrehen nach links und rechts mit weniger aktivem Beinedrehen.
- »Skimambo«: Rhythmisches Springen am Ort, wobei die extreme Gegenbewegung des Oberkörpers zu den Beinen versucht wird. Also Beinedrehen nach links – Drehen des Oberkörpers nach links – und entsprechend zur anderen Seite. Auch beide Arme zur Seite mitschwingen.
- Dieselbe Bewegung dann ohne Springen ausführen, nur noch Beinedrehen. Mehrmals nach beiden Seiten rhythmisch aneinanderreihen.

Imitationsgymnastik

Techniktips

Die kurze Form des Hochschwunges, das »Wedeln«, übt auf Grund der rhythmisch-spielerischen Bewegung auf jeden Skiläufer eine besondere Faszination aus. Die Technik des Kurzschwunges unterscheidet sich nicht grundsätzlich von der des Hochschwunges. Zwei Bewegungselemente treten jedoch besonders hervor: die rhythmisch-aktive Bewegungsfolge nahe der Fallinie und der stärkere Kanteneinsatz und Abstoß. Der

Imitation Kurzschwung

- *»Wedelhüpfen«:* Rhythmisches beidbeiniges Springen im Wechsel.
- *»Wedeln«:* In der Schrägfahrtstellung die Knie kräftig nach vorwärts-seitwärts drücken (Aufkanten), dann zur anderen Seite drehen (Aufkanten). Zuerst den Kantenwechsel mit einer Tief-Hoch-Tief-Bewegung ausführen, dann in schnellerer Folge.

Kurzschwung

flüssige Rhythmus des Kurzschwunges wird durch schnelles Beugen und Strecken der Beine im Fuß-, Knie- und Hüftgelenk erreicht. Kurzschwünge in Feinform gelingen erst dann, wenn das Umkanten und Drehen der Ski in schneller rhythmischer Folge und in wechselndem Gelände gefahren werden können.
Wedeln in Vollendung erkennt man daran, daß bei ruhigem Oberkörper die Beine spielerisch hin- und herpendeln.

- Sprungvariationen: Springen auf der Ferse (Fersenspringen), Springen auf der ganzen Sohle, Springen auf dem Ballen.
- »Sitzwedeln«: *Beinedrehen im Hocksitz.*
- »Einbeinwedeln«: Rhythmisches Springen auf einem Bein nach links und rechts. Nach einigen Sprüngen Wechsel des Sprungbeines.
- »Flamingo-Schwung«: Rhythmisches Springen und Drehen auf einem Bein am Ort – links herum und rechts herum. Die Sprungbewegung so weit abbauen, bis man nur noch auf dem Standbein dreht. Mehrmals nach links und rechts im Wechsel.

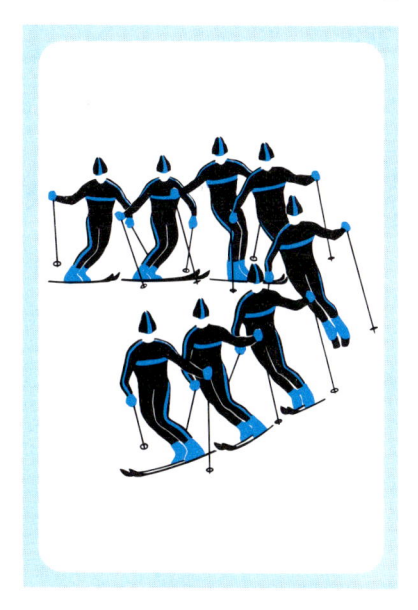

Imitationsgymnastik

Techniktips

Der sehr gute Skiläufer fährt Jetschwünge hauptsächlich in der Buckelpiste, in schwer schwingbaren Schneearten und in steilem Gelände. Auch der Rennläufer wird in Extremsituationen manchmal gezwungen, die Ski aus der beschleunigenden Rücklage beim Steuern unfreiwillig »hinauszuschleudern«, also zu jetten.

Dabei unterstützt die Jetbewegung – ein Vorschieben der Ski beim Tiefgehen – den Kantenwechsel

Jetschwung

und Drehbeginn. Durch die Jetbewegung entsteht kurzzeitig zu Beginn der Drehung eine Rücklagestellung. Auch der Oberkörper kommt am Schwunganfang in eine mehr oder weniger starke Innenlage, die der weit seitlich eingesetzte Stockeinsatz abstützt. Jeder Schwung wird durch Beinedrehen gesteuert. In der Buckelpiste werden Jetschwünge mit Ausgleichsbewegung gefahren, weil dadurch die Buckel weitestgehend umfahren werden können.

Imitation Jetschwung
- »Jetbewegung«: Liegestütz rücklings mit angehockten Beinen, Streckdrehen der Beine im Sprung wechselseitig nach links und rechts. Dazwischen immer wieder Anhocken.

Eine gute Trainingsform auch für die Kräftigung der Arm- und Schultermuskulatur (Stockeinsatz.
- *Dasselbe ohne Sprung, die Beine im Sitz nach außen drehen und strecken, links und rechts.*

Techniktips Ausgleichsschwung

Der traditionelle Hochschwung mit der ausgeprägten Tief-Hoch-Tief-Bewegung ist beim Befahren von Buckelpisten nicht besonders vorteilhaft. Wer in extremen Buckeln noch geländeangepaßt fahren will, muß den Ausgleichsschwung beherrschen. Der Ausgleichsschwung ist die ideale Technik für den guten Skiläufer im Buckelgelände. Bei diesem Schwung übernehmen die Beine die Funktion von Stoßdämpfern, die Buckel werden durch Beugen und Strecken der Beine ausgeglichen, der Oberkörper bleibt ruhig. Der Drehbeginn erfolgt auf dem höchsten Punkt

Imitation Ausgleichsschwung

- Springen mit Anhocken und Strecken der Beine.
- »Ausgleichen«: Wechsel zwischen aufrechter Schußfahrtstellung und tiefer Hocke. Beugen und Strecken – Tief und Hoch.

eines Buckels in dem Augenblick, wo die Ski nur noch in der Mitte aufliegen und der Drehwiderstand am geringsten ist. Ein seitlich stützender Stockeinsatz dient als Stabilisierungshilfe. Beim Ausgleichen werden die Beine vom Buckel vor dem Körper hochgedrückt (größerer Federweg), das Schlucken des Buckels ist also mehr ein passives Beugen der Beine vor dem Körper. Unmittelbar danach setzt ein aktives Streckdrehen der Beine ein, das einer Tretbewegung nach unten entspricht, damit ein ständiger Kontakt mit dem Boden erhalten bleibt. Der perfekte Skiläufer variiert die Grundbewegung.

- »Ausgleichsschwung«: Springen mit Anhocken und Drehen der Beine in der Luft. Schnelles Anhocken, Streckdrehen nach links und rechts im Wechsel.
- »Ausgleichen« im Liegestütz rücklings, Anhocken und Strecken der Beine.
- *Aus der Rückenlage die Beine anhocken, dabei gleichzeitig die Beine schräg zur Seite anziehen. Der Oberkörper dreht zur Gegenrichtung.*

»Charleston«: Innenskischwung

Technik
Eine weitere artistische Variante des Umsteigeschwingens ist das Innenskischwingen. Bereits während der Steuerphase des vorausgehenden Schwunges wird mehr und mehr der Innenski belastet.

Weitere Schwungformen

Dann erfolgt das Umsteigen auf den neuen Innenski vor der Fallinie. Belastungswechsel, Umkanten und Drehbeginn werden mit einem deutlichen Kippen des Oberkörpers in die neue Schwungrichtung (Innenlage) verbunden; dabei kann der bogenäußere Ski teilweise ganz vom Boden abgehoben werden. In der Steuerphase werden Unsicherheiten durch nachgebendes Beugen des Standbeines ausgeglichen. Je kürzer der Schwungradius, um so schnellender wird der Abstoß. Kurz aneinandergereihte Innenskischwünge werden »Charleston-Schwünge« genannt: Trainingsform zur Schulung des Kanten- und Gleichgewichtsgefühls.

Imitationsgymnastik

■ »Charleston«: Wechselspringen von einem Bein auf das andere. Die Beine pendel dabei unter dem Körper durch, das jeweils äußere Bein schwingt betont nach außen-oben. Rhythmisches Springen mit schnellendem Abstoß.

Klammerschwung

Technik

Auf harten eisigen Pisten kann es passieren, daß man beim Schwingen ins Rutschen gerät und dabei der Talski wegrutscht. In der Praxis des Rennlaufs (Riesenslalom) gibt es eine Technik, mit der man solche »Ausrutscher« korrigieren kann. Aber auch der sportliche Skiläufer kann sich mit dem Klammerschwung helfen. Der Klammerschwung wird mit nach vorn geöffneten Skiern und bewußter Innenskibelastung eingeleitet. Den Außenski läßt man einfach unbelastet weglaufen, so weit, bis man ganz auf dem Innenski hockt, um sich so festzuklammern. Der Schwung wird dann auf dem Innenski weitergesteuert. Gegen Ende des Schwunges wird der Außenski beigeführt. Dabei kann man sich aufrichten oder eine bewußte Hock-Rücklagestellung einnehmen. Diese Schwungform ist allerdings nur von konditionell sehr guten Skiläufern zu bewältigen.

Imitationsgymnastik

- *»Klammerstellung«: Grätschstellung, wechselseitiges tiefes Beugen eines Beines mit betontem Belastungswechsel. Das andere Bein bleibt gestreckt. Mehrmals nach jeder Seite wiederholen.*

- »Klammerschwung«: Im Hochstütz, abwechselnd ein Bein zur Seite spreizen. Dazwischen immer wieder zurück zum Hockstütz beiziehen. Dieselbe Form kann auch mit einem Wechselsprung über den Hockstütz ausgeführt werden.

Imitationsgymnastik

»Skimambo«

Technik

Auch der »Skimambo« ist eine Schwungform, die mehr einen spielerischen Charakter besitzt als einen echten Brauchwert im Gelände für den guten Skiläufer. Trotzdem ist er eine beliebte Trainingsform, um die Koordination der Bein- und Oberkörperbewegung sowie das Kantengefühl weiter zu verbessern. Deshalb findet er auch seine Anwendung hauptsächlich auf glatten präparierten Pisten. Von der Bewegung her ist er eine Mischung von Torsions- und Rotationsschwung. Bewegungselemente beider verschmelzen dabei zu einer zügig aneinandergereihten Schwungfolge nahe der Fallinie ohne ausgeprägte Tief-Hoch-Tief-Bewegung. Die Drehung der Ski wird durch eine extreme Gegenbewegung der Beine und Hüfte zum Oberkörper ermöglicht (Verwindungsbewegung). Dabei ergibt sich eine Körperspannung, die als Schwungimpuls ausgenützt wird. Der Oberkörper dreht vor jedem Schwung in die neue Schwungrichtung voraus. Während die Beine dann etwas verzögert nachkommen, dreht der Oberkörper bereits wieder in die Gegenrichtung usw. Der Stockeinsatz entfällt, auch die Arme werden in die Bewegung des Oberkörpers mit einbezogen.

Imitationsgymnastik

- »Skimambo«: Rhythmisches Springen am Ort, wobei die extreme Gegenbewegung des Oberkörpers zu den Beinen versucht wird. Also Beinedrehen nach links – Drehen des Oberkörpers nach links – und entsprechend zur anderen Seite. Auch beide Arme zur Seite mitschwingen.
- *Dieselbe Bewegung dann ohne Springen ausführen, nur noch Beinedrehen. Mehrmals nach beiden Seiten rhythmisch aneinanderreihen.*

Weitere Schwungformen

Fahrtips für Fortgeschrittene

Skifahren kann man weder am Fernsehschirm, noch aus Büchern lernen.
Die richtige Anleitung kann nur eine Skischule vermitteln. Die manchmal unbezahlbaren Praxistips des Skilehrers hat jedoch so mancher Skiläufer schnell wieder vergessen. Wir haben sie deshalb in diesem Buch festgehalten – zum Nachschlagen. Auch beim Studium dieser Bildserien müßte eigentlich bei vielen Skiläufern »der Knopf aufgehen«.

Buckelpistenfahren

Früher mußte sich der Skiläufer mit dem ungespurten Tiefschnee auseinandersetzen, heute, im Zeitalter des Massenskilaufs, ist die Buckelpiste die große Herausforderung – das betrifft nicht nur die Technik, sondern in besonderem Maß die Kondition. Beim Buckelpistenfahren bestimmen Fahrtempo, Buckelhöhe und Schneeart die Technik. Beherrschende Bewegung ist das ausgleichende Beugen und

Buckelpistenfahren

Strecken der Beine, das immer mit dem gleichzeitigen Drehen der Beine kombiniert ist. Der Rumpf bleibt relativ ruhig – eine Parallele zum Tiefschneefahren –.

Je schneller man fährt, umso energischer streckt man die Beine in die Buckelmulde.

Der Stockeinsatz stabilisiert den Rumpf als Widerlager für die Beinarbeit.

Skilehrer sind keine Rennläufer. Trotzdem haben sie wichtige Elemente der Renntechnik in die Skischule übernommen.

Fahrtips für Fortgeschrittene

Um den Idealweg durch die Mulden zu finden – d. h. also um die Buckel herumzufahren – muß man das Fahrtempo voll unter Kontrolle haben und die Geländesituation jederzeit übersehen. Nicht zuletzt sollte man natürlich auch genügend Kraft in den Beinen haben. Schnelleres Tempo zwingt den Skiläufer, die Buckel zu umfahren, er fährt durch die Mulden. Das erfordert Schnelligkeit, Reaktion, Beinkraft und einen sicheren Blick für das Gelände.

Sind die Buckel hoch und hart, muß man langsamer fahren, um die Geländeunebenheiten noch abfedern zu können und Bodenkontakt zu behalten. Die Buckel werden sozusagen geschluckt. Größere Buckel können nur dann gut ausgeglichen werden, wenn das Beugen und Strecken der Beine vor dem Körper erfolgt. Dadurch hat man mehr Federweg. Die Ausgleichsbewegung der Beine richtet sich aber ganz nach dem Gelände.

Ausgleichsschwünge – je nach Geländesituation beidbeinig oder umsteigend gefahren.

Tiefschneefahren

Tiefschneefahren

Tiefschneefahren ist und bleibt der Traum eines jeden Skifahrers. Der Weg zum Tiefschneevergnügen ist jedoch kürzer, wenn man einige wesentliche Punkte beim Lernen beachtet.
Tiefschnee ist nicht gleich Tiefschnee. Wählen Sie deshalb für Ihre ersten Versuche eine lockere Pulverschneeauflage auf möglichst

Tiefschneefahren – ein Spiel mit dem Gleichgewicht, vor allem im Moment des Kantenwechsels. Andrehen in Rücklage, Steuern in Mittellage.

hartem Untergrund. Hinsichtlich der Technik gibt es einige grundsätzliche Ratschläge.
Im Tiefschnee führt und belastet man Innen und Außenski möglichst gleich. Ungleich belastete Ski bringen nämlich den Tiefschneeanfän-

Fahrtips für Fortgeschrittene

ger in Schwierigkeiten. Zu hohes oder zu niedriges Fahrtempo, zu flacher oder zu steiler Hang, einseitiges Belasten eines Ski übertriebenes Pendeln vor-rückwärts, ausladende Gesamtbewegungen sind beim Tiefschneefahren möglichst zu vermeiden. Ruckartige Bewegungen erschweren das Tiefschneefahren besonders. An den Bildern kann man es erkennen: Tiefschneefahren ist die Hohe Schule des Gleichgewichthaltens und des ruhigen Gleitens.

Mit höherem Tempo dreht man im Tiefschnee die Ski leichter. Steigern Sie deshalb schon auf der Piste beim Üben systematisch Ihr Fahrtempo. Versuchen Sie, Ihre ersten Tiefschneeschwünge in mittelsteilem Gelände zu fahren, nahe der Fallinie, und bleiben Sie immer im Rhythmus. Das Bewegungsmuster: Andrehen in Rücklage, Steuern in Mittellage. Beim Andrehen entlasten (Beugedrehen), beim Steuern belasten (Streckdrehen). Wichtig: Der Oberkörper muß ruhig und unter einer gewissen Spannung bleiben, um als Widerlager für das besonders aktive Beugen und Strecken der Beine zu funktionieren.

Je windgepreßter der Schnee wird, umso mehr Kondition muß man mitbringen, um die Ski zu drehen und unter Kontrolle zu halten.

Den wahren Könner erkennt man im Tiefschnee am sparsamen und ausgewogenen Zusammenspiel der Teilbewegungen. Dazu muß man die anfänglich beim Lernen übertriebenen Bewegungen reduzieren und fein aufeinander abstimmen.

Skifahren bei ausgesprochen schwierigen Schneeverhältnissen verlangt nicht nur mehr Kondition, sondern auch eine spezielle psychische Einstellung. Je schlechter die Schneeverhältnisse, desto agressiver die Fahrweise.

Tiefschneefahren

Tiefschneefahren erfordert ein gutes Auge, und das bekommt man durch ständiges Beobachten der Gelände- und Schneesituation. Daraus ergibt sich nach und nach die entsprechende Erfahrung. Doch auch Erfahrung ist kein Freibrief für absolute Sicherheit abseits der Pisten. Wer beim Tiefschneefahren nicht den nötigen Respekt vor der Natur und das Wissen um die alpinen Gefahren hat, für den wird diese Faszination zur Gefahr für sich und die anderen.

**Vergessen Sie nie:
Lawinengefahr ist und bleibt Lebensgefahr!**

Fahrfehler kann man sich im Tiefschnee nicht leisten. Sie lassen sich meistens nicht mehr korrigieren.

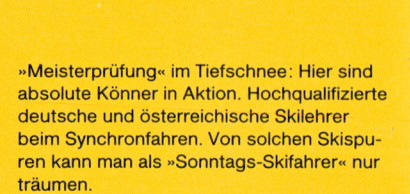

»Meisterprüfung« im Tiefschnee: Hier sind absolute Könner in Aktion. Hochqualifizierte deutsche und österreichische Skilehrer beim Synchronfahren. Von solchen Skispuren kann man als »Sonntags-Skifahrer« nur träumen.

2

3

Konditionsgymnastik

Konditionsgymnastik ist ein wichtiger Bestandteil des Trainingsprogrammes der alpinen Weltelite.

Vertrautmachen mit den ski-typischen Bewegungsstrukturen, Stellungen und Haltungen aus dem Skisport – das ist ein wichtiger Teil der Skigymnastik. Diese Form der **Imitationsgymnastik** steht auch bei TELESKI primär im Blickpunkt. Doch ein »Trockenskikurs« solcher Art reicht im allgemeinen nicht aus, um die richtige Ski-Kondition zu entwickeln. Nachdem der Skisport konditionell anspruchsvoller geworden ist, ist es an der Zeit, auch in der neuen TV-Serie eine entsprechende **Konditionsgymnastik** zu berücksichtigen.

Die folgende Übungsauswahl dient der allgemeinen Kräftigung schlechthin. Es handelt sich um bewährte Standardübungen, die gymnastisch leicht nachvollziehbar sind.

Für jede Sendung – mit Ausnahme der ersten Folge – wurde ein eigener »Konditionsblock« zusammengestellt. Damit auch den jugendlichen Zuschauern das Mitmachen nicht so schwer fällt, werden die Übungen im Fernsehen im »Disco-Stil« präsentiert.

(Demonstrator: Hansi Hinterseer).

Konditionsblock 1

1. Grätschstand:
Rumpfbeugen vorwärts mit Handklatsch hinter dem gestreckten Bein, links und rechts im Wechsel. Dazwischen Aufrichten mit Handklatsch über dem Kopf. Schnelles Beugen und Strecken.

2. Schwebesitz:
Die gestreckten Arme und Beine in möglichst schneller Folge gegeneinander kreuzen.

3. Übungskombination:
Schneller Wechsel von Streckstand, Hockstütz, Liegestütz, Hockstütz, Strecksprung.

Konditionsgymnastik

Konditionsblock 2

1. Aufrechter Stand:
Rumpfbeugen vorwärts-seitwärts, mit beiden Händen abwechselnd links und rechts neben den Füßen den Boden berühren.

2. Schwebesitz:
Mit den Beinen »Radfahren«.

3. Grätschstand:
Rumpfbeugen vorwärts bis zur Waagerechten, dann »Mühlkreisen« links und rechts im Wechsel.

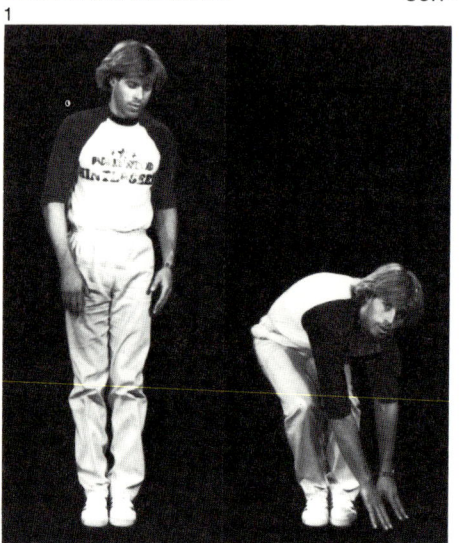

4. Liegestütz:
Im Liegestütz Beugen und Strecken der Arme mit gleichzeitigem Rückspreizen eines Beines, links und rechts im Wechsel.

5. »Hampelmannspringen«:
Wechselsprünge mit gleichzeitigem Armschwingen.

Konditionsgymnastik

Konditionsblock 3

1. Seit-Ausfallschritt:
Im Wechsel Rumpfdrehen mit gestreckten Armen gegen das gestreckte Bein, jeweils mit Schrittwechsel und Nachfedern.

2. Grätschsitz:
Rumpfdrehbeugen vorwärts zum gestreckten Bein, links und rechts im Wechsel mit Nachfedern.

3. Nackenstand:
Wechselseitiges Beinspreizen.

4. Grätschstand:
Im Grätschstand, Arme in Nackenhalte, Rumpfdrehen links und rechts im Wechsel, jeweils mit Nachfedern.

Konditionsgymnastik

Konditionsblock 4

1. Aufrechter Stand:
Aus dem Stand, Springen in den Ausfallschritt mit gleichzeitigem Hoch-Rückspreizen beider Arme, links und rechts im Wechsel mit Zwischensprung.

2. Schwebesitz:
Rumpfdrehen gegen die angehockten Beine, links und rechts im Wechsel (»Sitzwedeln«).

3. Liegestütz:
Wechselspringen zum Ausfallschritt.

4. »Hampelmannspringen«:
Wechselsprünge mit gleichzeitigem Armschwingen.

Konditionsblock 5

1. Seitgrätschstand:
Kräftiges Rumpfbeugen vorwärts (»Holzhacken«), mit den Armen möglichst weit zwischen den Beinen nach hinten durchschwingen. Schnelles Beugen und Strecken.

2. Seit – Liegestütz:
Rumpfseitbeugen mit Armschwingen über den Kopf, links und rechts im Wechsel.

3. Grätschstellung:
Rumpfdrehbeugen – linke Hand berührt rechte Fußspitze und gegengleich, dazwischen jeweils Aufrichten mit Hoch-Rückspreizen beider Arme.

Konditionsgymnastik

Konditionsblock 6

1. Grätschstand:
Rumpfbeugen vorwärts – mit beiden Händen nacheinander neben den Beinen links und rechts den Boden berühren, Aufrichten mit Hoch-Rückspreizen beider Arme und Nachfedern.

2. Schwebesitz:
»Radfahren« mit den Beinen und gleichseitigem Armstoßen.

3. Übungskombination:
Schneller Wechsel von Streckstand, Hockstütz, Liegestütz, Hockstütz, Strecksprung.

Konditionsblock 7

1. Grätschstellung:
Rumpfbeugen vorwärts mit Handklatsch hinter dem gestreckten Bein, links und rechts im Wechsel. Dazwischen Aufrichten mit Handklatsch über dem Kopf.

2. Liegestütz:
Im Liegestütz mit gegrätschten Beinen Beckenkreisen, links und rechts herum.

3. Kniestand:
Rumpfdrehbeugen (Arme seitwärts gestreckt) rückwärts, links und rechts im Wechsel.

4. Seitgrätschstand:
Rumpfseitbeugen mit Nachfedern, jeweils ein Arm im Hüftstütz, ein Arm über Kopf, links und rechts im Wechsel.

Konditionsgymnastik

Konditionsblock 8

1. Seitgrätschstellung:
Rumpfseitbeugen, jeweils ein Arm in Hüftstütz, ein Arm über Kopf, links und rechts im Wechsel mit Nachfedern.

2. Kniestand:
Rumpfdrehen rückwärts mit Nachfedern, links und rechts im Wechsel.

3. Grätschstellung:
Rumpfachterschwingen im Wechsel.

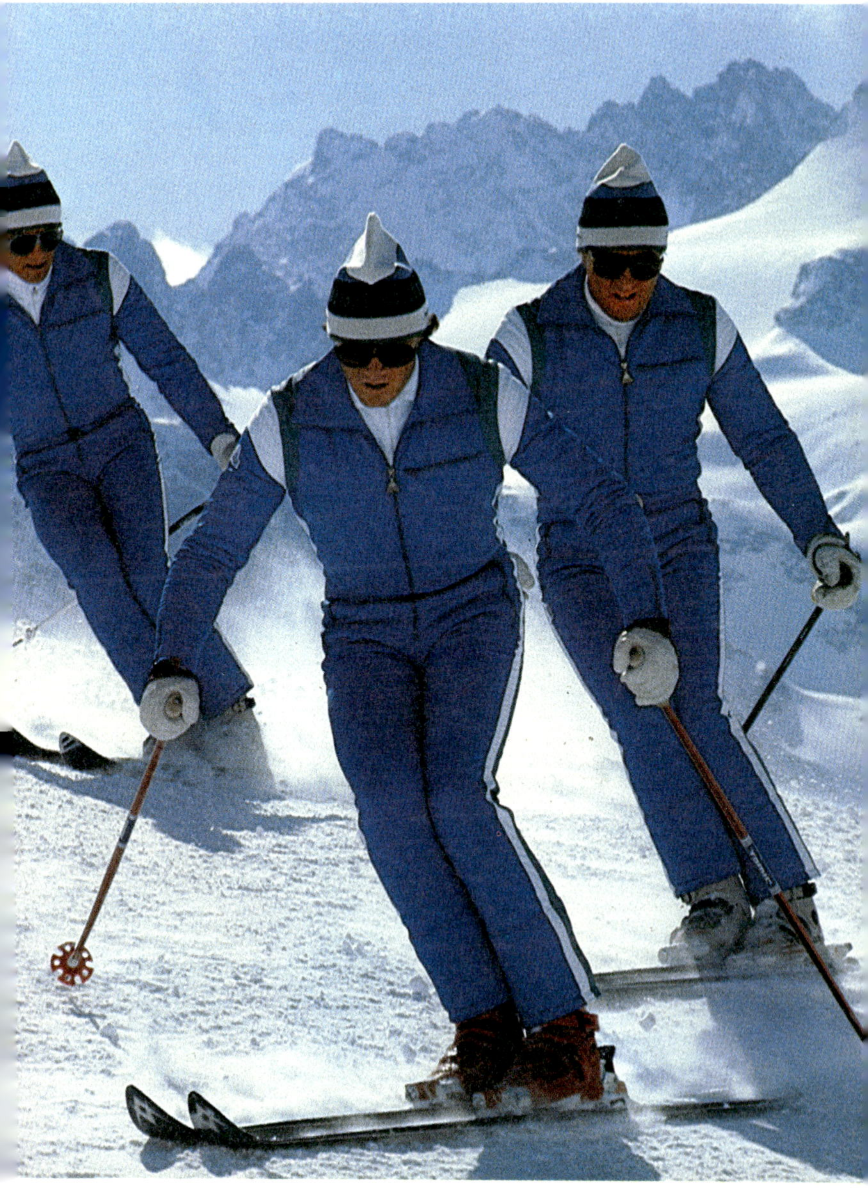

Konditionsgymnastik

Konditionsblock 9

1. Aufrechter Stand:
Rumpfbeugen vorwärts-seitwärts, mit beiden Händen abwechselnd links und rechts neben den Füßen den Boden berühren.

2. Schwebesitz:
Mit den Beinen »Radfahren«.

3. Grätschstand:
Rumpfbeugen vorwärts bis zur Waagerechten, dann »Mühlkreisen« links und rechts im Wechsel.

4. Liegestütz:
Im Liegestütz Beugen und Strecken der Arme mit gleichzeitigem Rückspreizen eines Beines, links und rechts im Wechsel.

5. »Hampelmannspringen«:
Wechselsprünge mit gleichzeitigem Armschwingen.

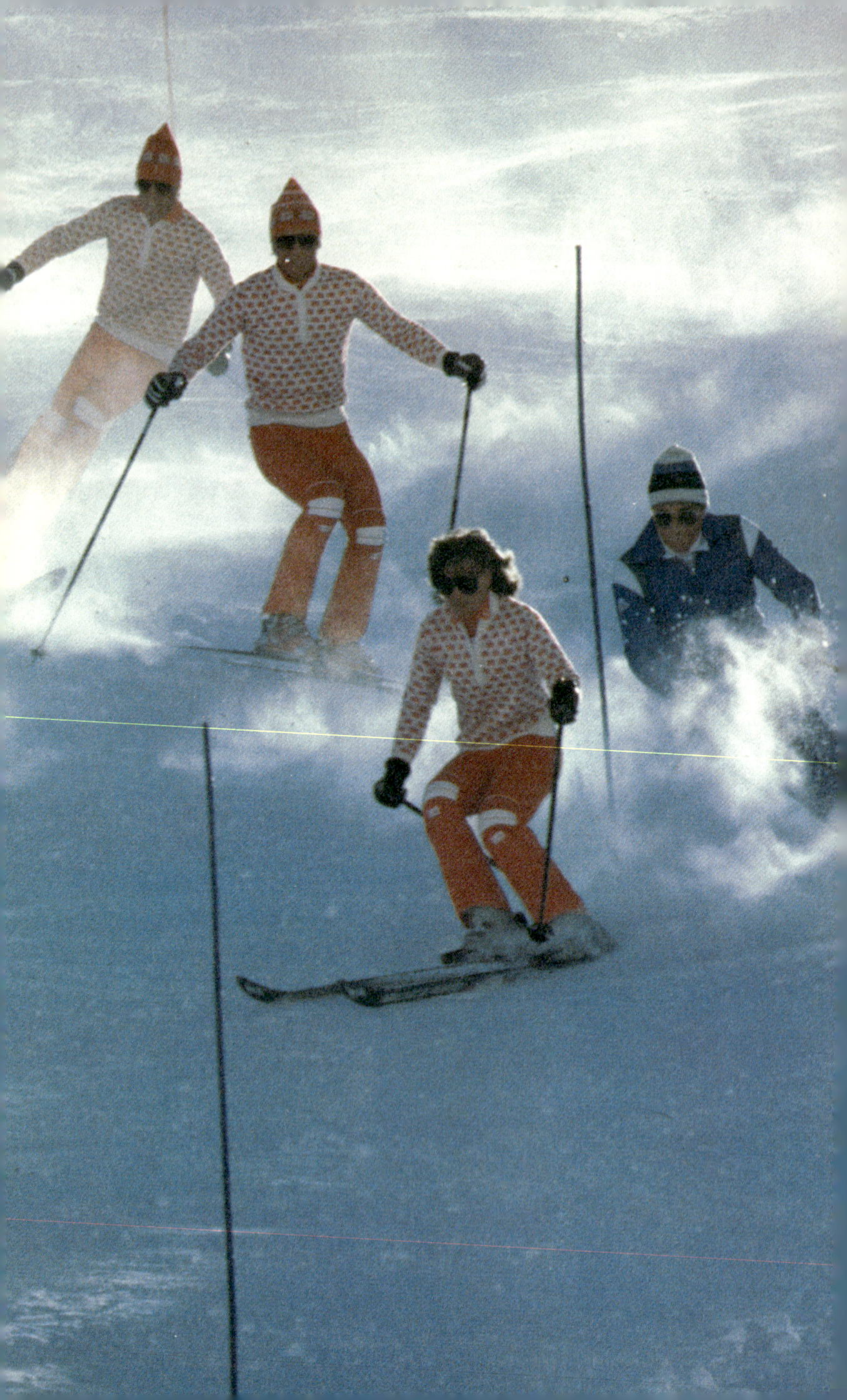

Konditionsgymnastik

Konditionsblock 10

1. Seitgrätschstellung:
Mit dem ganzen Körper abwechselnd hin- und herpendeln, Hüfte nach links – Oberkörper und Arme nach rechts gegen das jeweils gestreckte Bein schwingen.

2. Bankstellung:
In der Bankstellung Beugen und Strecken der Arme mit gleichzeitigem Rückspreizen eines Beines, links und rechts im Wechsel.

3. Liegestütz rücklings:
Wechselseitiges sprunghaftes Beinspreizen (»Stechtrab«).

Techniktraining am Slalomhang: Seitlich versetzte Torstangen zwingen die Skifahrer geradezu zum Umsteigen. Kennzeichen des Umsteigens ist der deutliche Belastungswechsel – egal aus welcher Skistellung.

Konditionsgymnastik

Konditionsblock 11

1. Seit-Ausfallschritt:
Im Wechsel Rumpfdrehen mit gestreckten Armen gegen das gestreckte Bein, jeweils mit Schrittwechsel und Nachfedern.

2. Grätschsitz:
Rumpfdrehbeugen vorwärts zum gestreckten Bein, links und rechts im Wechsel mit Nachfedern.

3. Nackenstand:
Wechselseitiges Beinspreizen.

4. Grätschstand:

Im Grätschstand, Arme in Nackenhalte, Rumpfdrehen links und rechts im Wechsel, jeweils mit Nachfedern.

Konditionsgymnastik

Konditionsblock 12

1. Aufrechter Stand:
Aus dem Stand, Springen in den Ausfallschritt mit gleichzeitigem Hoch-Rückspreizen beider Arme, links und rechts im Wechsel mit Zwischensprung.

2. Schwebesitz:
Rumpfdrehen gegen die angehockten Beine, links und rechts im Wechsel (»Sitzwedeln«).

3. Liegestütz:
Wechselspringen zum Ausfallschritt.

4. »Hampelmannspringen«:
Wechselsprünge mit gleichzeitigem Armschwingen.

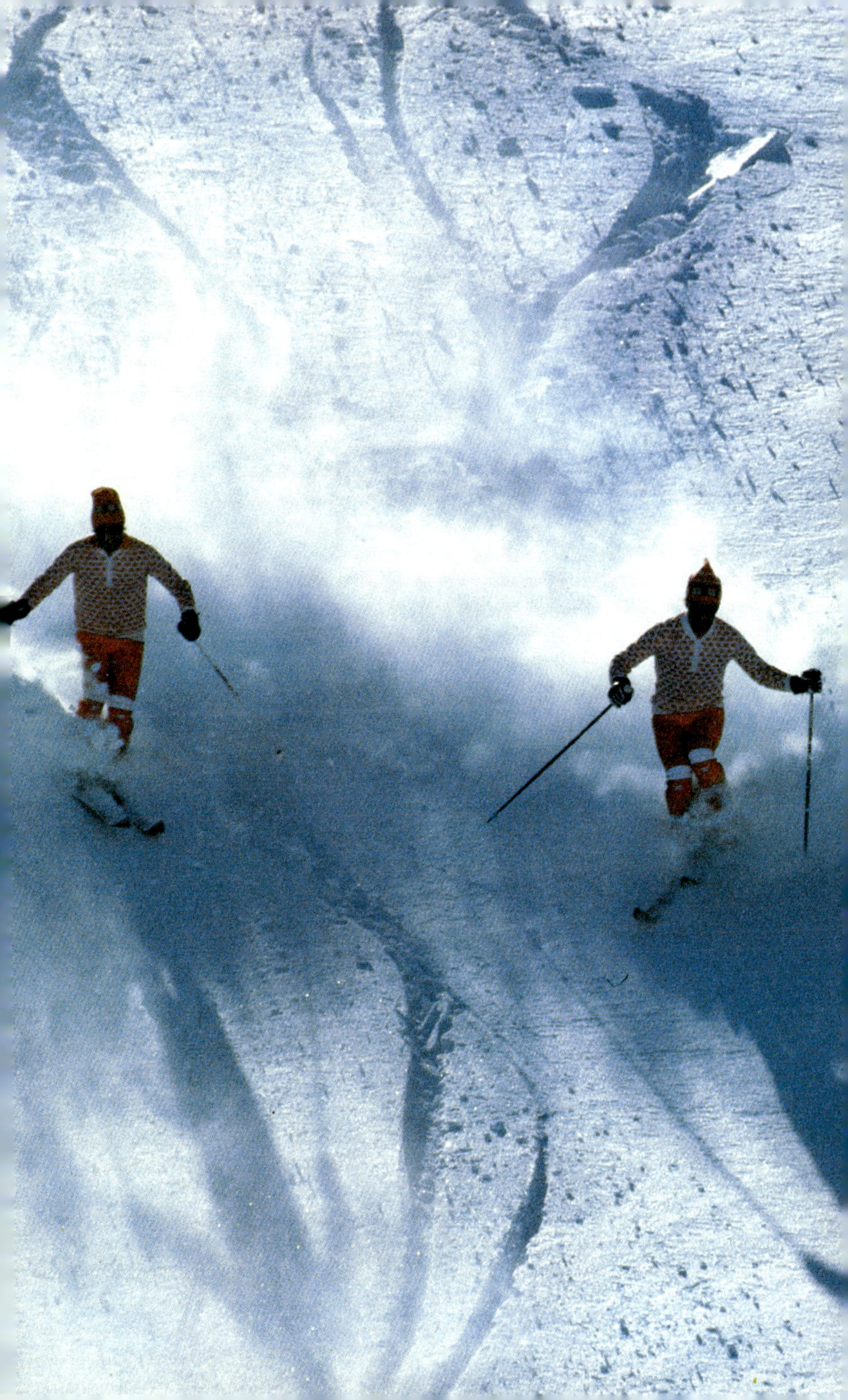

Andere Trainingsprogramme

Zirkeltraining für den Skiläufer

Als organisatorisch idealste Form für das Heimtraining hat sich im Freizeit- und im Leistungssportbereich das »Zirkeltraining« bewährt. Der Begriff »Zirkel« bedeutet, daß man sich ein Trainingsprogramm zusammenstellt, wobei verschiedene Muskelgruppen, und vor allem die Eigenschaften Kraft, Schnelligkeit und Ausdauer, durch ausgewählte Übungen nach dem Prinzip der progressiven Belastung an einzelnen Stationen trainiert werden. Hierbei ist das Training gleichzeitig immer ein Test und ermöglicht deshalb eine gute Leistungskontrolle. Ein einmal festgelegter Zirkel sollte über längere Zeit hinweg (ca. 4 Wochen) beibehalten werden. Um einer individuellen Trainingsdosierung immer gerecht werden zu können, sollten Sie vorher einen »Maximaltest« machen und dabei feststellen, wie oft Sie eine Übung überhaupt oder in einer festgelegten Zeitdauer (z. B. 30 sec) ausführen können. Dieser Wert entspricht dann 100%. Danach können Sie Ihr Programm genau festlegen.

Zum Beispiel so:
1. Vertrautmachen mit den einzelnen Teilen
2. Feststellung der Maximalleistung (100%)
3. Kurzes Aufwärmen vor dem Training
4. Ausführung:
   Belastung 1.–3. Monat mit 50% Wiederholung
   1. Woche: 1 Durchgang
   2. Woche: 2 Durchgänge
   3. Woche: 3 Durchgänge
   4. Woche: 4 Durchgänge
   Pausenlänge
   1. Monat: 1 Minute
   2. Monat: 30 sec
   3. Monat: keine Pause
   Ab 4. Monat Training mit 30 sec Zeitdauer und möglichst häufiger Wiederholungszahl, keine Pause.
5. Kurzes Auslockern nach dem Training.
   Suchen Sie sich für Ihr Zirkeltraining entweder aus dem Gesamtprogramm der Tele-Skigymnastik oder aus einer bestimmten Sendung sechs Übungen aus und stellen Sie Ihr eigenes Heimtraining zusammen.

Zirkelprogramm für sehr gute Skifahrer

Dieses Programm basiert auf dem Konditionstraining der alpinen Rennläufer der Deutschen Skinationalmannschaft.

1. Station

Skippings: Schnelles Laufen am Ort, wobei die Oberschenkel abwechselnd hochgerissen werden. Die Arme schwingen kräftig im Laufrhythmus mit.

Zirkeltraining

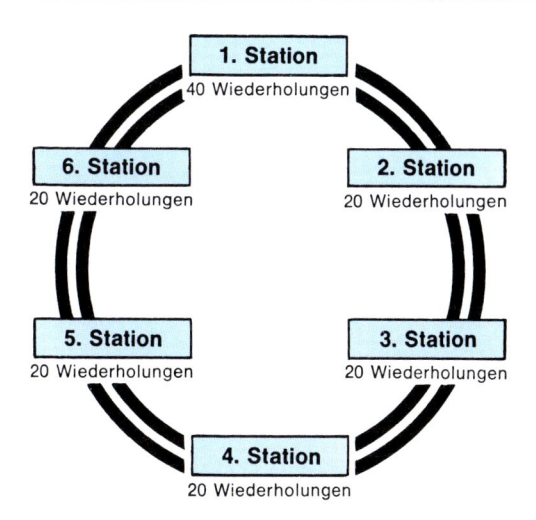

```
        1. Station
     40 Wiederholungen

6. Station              2. Station
20 Wiederholungen    20 Wiederholungen

5. Station              3. Station
20 Wiederholungen    20 Wiederholungen

        4. Station
     20 Wiederholungen
```

Zweck: Training von Herz und Kreislauf, Kräftigung der Bein- und Bauchmuskulatur.

2. Station
Sprung vom Hockstütz in den Liegestütz mit gegrätschten Beinen und wieder zurück.
Zweck: Kräftigung des Stützapparates, der Bauch- und Rückenmuskulatur.

3. Station
Abfahrtshocke – Strecksprung – Landen in der Abfahrtshocke usw.
Zweck: Imitation, Kräftigung der Bein- und Rückenmuskulatur, Erhöhung der Standfestigkeit.

4. Station
Armbeugen im Liegestütz
Zweck: Kräftigung der Arm- und Schultermuskulatur.

5. Station
Umsteigespringen: Wechsel zwischen kurzen und weiten Sprüngen einbeinig seitwärts.
Zweck: Imitation, Kräftigung der Beinmuskulatur, Stärkung der Fußgelenke.

6. Station
Heben und Senken des Oberkörpers in Bauchlage.
Zweck: Kräftigung der Rückenmuskulatur.

Belastung: An jeder Station 20 Wiederholungen, Station 1 (Skippings) 40 Wiederholungen.

Pausenlänge: 30 Sekunden.

Anzahl der Durchgänge:

	Am Anfang	später
Damen	2mal	3mal
Herren	3mal	4mal

Andere Trainingsprogramme

Trainingsformen der alpinen Ski-Nationalmannschaft

Zur Steigerung der skispeziellen Kondition sind in erster Linie solche Übungsformen geeignet, die die Kraft- und Schnelligkeitsausdauer verbessern. Man unterscheidet dabei folgende Ausführungsarten:

M-Übung = Training der Muskelkraftausdauer. Übungen werden langsam, in gleichbleibendem Tempo, bei größter Bewegungsgenauigkeit ausgeführt.

S-Übung = Training der Schnelligkeitsausdauer. Übungen werden mit größter Bewegungsgenauigkeit ausgeführt.

B-Übung = Training der Beweglichkeit, Geschicklichkeit. Übungen werden mit größter Bewegungsgenauigkeit ausgeführt.

Wer schon eine sehr gute Kondition oder rennsportliche Ambitionen hat, der kann sich aus dem Übungskatalog der Skinationalmannschaft sein eigenes Trainingsprogramm zusammenstellen. Auch hierbei empfiehlt sich das **Zirkeltraining** als geeignetste Organisationsform. Ein einmal festgelegter Zirkel sollte mindestens 4 Wochen beibehalten werden, um eine Leistungskontrolle zu haben.

Zu dritt macht das Konditionstraining mehr Spaß als allein.

Trainingsformen Rennsport

Übungskatalog
M-Übungen

▶ **Beine**

Kniebeugen mit Gewicht
Als Gewicht Sandsack oder Hantel (bis ¾ Körpergewicht) im Nacken halten.
15 Wiederholungen.

Wechselkniebeugen mit Gewicht
Seitgrätschstellung, wechselweise tiefe Kniebeugen links und rechts mit Sandsack im Nacken.
15 Wiederholungen.

Abfahrtshocke mit Gewicht
Stehen in Abfahrtshocke (genaue Imitation!), Gewicht durch Partner bzw. Sandsack am Rücken. 2 × 30 Sek.

Hüpfen in Abfahrtshocke mit Gewicht
Sprünge von 20 cm in möglichst tiefer Abfahrtshocke mit Sandsack im Nacken.
15 Wiederholungen.

Unterschenkel anziehen zum Gesäß gegen Widerstand
Bauchlage: Unterschenkel zum Gesäß anziehen, wobei Partner durch Drücken gegen die Fersen den »Widerstand« erzeugt.
15 Wiederholungen.

Weites Winkelspringen (Außenbein – Außenbein)
Tiefes Landen und kurzes Verharren in Landestellung (Imitation Riesenslalomschwung). Als Gewicht Sandsack im Nacken.
15 Wiederholungen.

Wechsel zwischen Vor- und Rücklage mit Gewicht
Aufrechte Fahrhaltung (Knie nach vorn usw.), Sandsack im Nacken: Wechsel zwischen Vor- und Rücklage.
15 Wiederholungen.

▶ **Arme**

Liegestütz vorlings
In sehr langsamer Bewegungsführung.
15 Wiederholungen.

Liegestütz rücklings
In sehr langsamer Bewegungsausführung.
15 Wiederholungen.

Klimmzüge
In sehr langsamer Bewegungsausführung.
5 Wiederholungen.

Andere Trainingsprogramme

▶ **Rumpf**

Langsames Heben und Verdrehen des Oberkörpers aus der Rückenlage mit Gewicht.
Rückenlage, Sandsack im Nacken, Beine fixieren: Langsames Heben des Oberkörpers bis zur Senkrechten und Verdrehen nach rechts bzw. links.
10 Wiederholungen.

Langsames Anheben und Verdrehen des Oberkörpers aus der Bauchlage mit Gewicht.
Wie vorher, nur aus Bauchlage.
10 Wiederholungen.

Langsames Heben und Senken des Oberkörpers aus Rückenlage mit Gewicht.
Rückenlage, Sandsack im Nacken, Beine fixiert: Langsames Heben des Oberkörpers bis Kopf die Knie berührt und langsam wieder zurück.
10 Wiederholungen.

Langsames Heben und Senken des Oberkörpers im Kniestand.
Kniestand, Hände in Hüftstütz: Langsames Heben und Senken des Oberkörpers.
10 Wiederholungen.

In Extremsituationen blitzschnell und richtig zu reagieren, kennzeichnet den Könner auf der Rennpiste.

Trainingsformen Rennsport

S-Übungen

▶ **Beine**

Einbeiniges Winkelspringen (Außenbein – Außenbein).
Sprungweite ca. 1,00 m, evtl. mit Sandsack. 20 Wiederholungen.

Einbeiniges Winkelspringen (Innenbein – Innenbein).
Wie vorher. 20 Wiederholungen.

Wechselsprung vor- und rückwärts.
Sprungweite ca. 1,00 m, evtl. mit Sandsack. 20 Wiederholungen.

Beidbeiniges Winkelspringen mit Anhocken.
Sprungweite ca. 1,00 m, zwischen den Sprüngen Beine anhocken.
15 Wiederholungen.

Kräftiges Springen am Ort, in der Luft möglichst oft die Hüfte verdrehen. 15 Wiederholungen.

Abfahrtshocke – Strecksprung – Anhocken – Landen in Abfahrtshocke. 10 Wiederholungen, 2 Serien.

Wechselsprünge seitwärts mit halber Drehung (180°) über der Mitte.
Sprungweite ca. 1,00 m.
20 Wiederholungen.

Wechselsprünge im Viereck.

▶ **Arme**

Bankdrücken.
Schnelle Bewegungsübung.
15 Wiederholungen.

Armschwingen (Imitation Stockeinsatz) mit Gewicht.
Als Gewicht kleine Hanteln, Ziegelsteine usw. in Hände.
20 Wiederholungen.

Schattenboxen.
20 Sekunden.

▶ **Rumpf**

Springen – Liegestütz – Hockstütz im Wechsel.
20 Wiederholungen.

Rumpfmühle.
Grätschwinkelstand: Arme in Seithalte, schnelles Rumpfdrehen rechts und links.
20 Wiederholungen.

Schulterbrücke.
Rückenlage: Arme in Kopf- und Seithalte, Beine leicht gegrätscht, Knie gebeugt, Fußsohlen auf dem Boden, Becken heben und senken.
10 Wiederholungen.

Trainingsformen Rennsport

B-Übungen

Slalomlaufen (Imitation).
ca. 20 Sekunden.

Drehen im Liegestütz.
Wechsel zwischen Liegestütz vorlings und rücklings.
10 Wiederholungen.

Drehbeugewippen.
Grätschwinkelstand, linke Hand zum rechten Fuß, rechte Hand zum linken Fuß.
10 Wiederholungen.

Rumpfkreisen.
10 Wiederholungen nach rechts und links.

Kreuzsitz.
Hände fassen die Füße und ziehen den Oberkörper zum Boden.
10 Wiederholungen.

Wechsel Streckstand – Beugestand.
15 Wiederholungen.

Kerze.
Mit den Beinen radfahren.
20 Wiederholungen.

Beispiele für die Individuelle Übungsauswahl – je nach Anforderungen:

	Slalom	Abfahrt	Riesenslalom
1 Beine	S	M	M
2 Arme	S	M	M
3 Beine	M	S	S
4 Beine	S	M	M
5 Rumpf	S	M	M
6 B-Übung	B	B	B
7 Beine	S	M	S
8 Arme	S	S	M
9 Beine	M	M	S
10 Beine	S	S	M
11 Rumpf	S	M	S
12 B-Übung	B	B	B
13 Beine	S	S	S
14 Arme	M	M	S
15 Rumpf	M	S	M
16 B-Übung	B	B	B

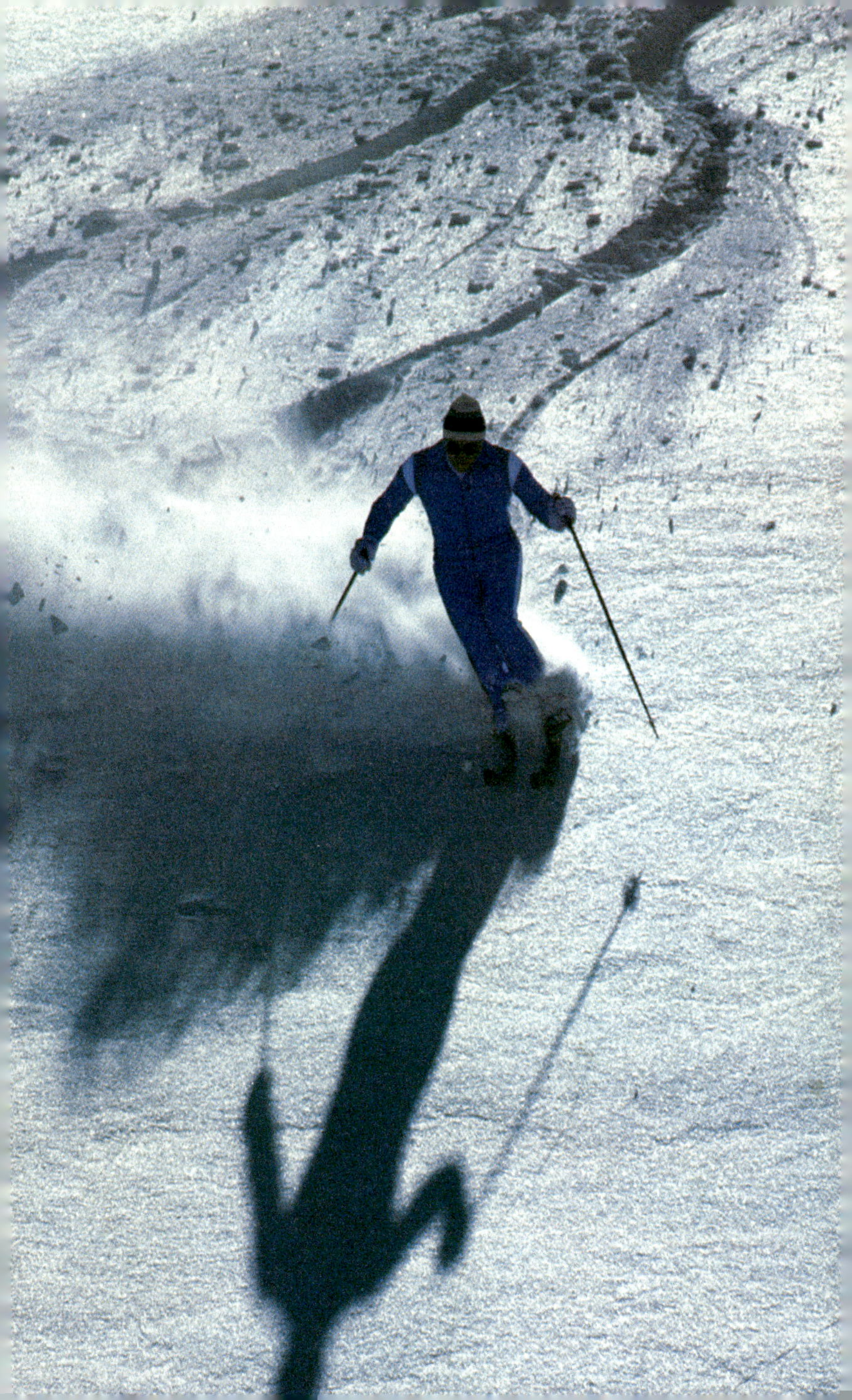

Andere Trainingsprogramme

1 Wechselsprünge im Ausfallschritt

2 Springen mit Grätschen der Beine

5 Springen mit betontem Beckendrehen

6 Beinedrehen in tiefer Beugestellung

Wand-Gymnastik

3 Rumpfseitbeugen in Schrägfahrtstellung – beidbeinig

4 Rumpfseitbeugen in Schrägfahrtstellung – einbeinig (Außenbein belasten)

7 Sitzen in Rücklageposition

8 Rumpfbeugen vorwärts aus der Rückenlage am Boden

Trainingsprogramm der TV-Serie

Folge 1

1. Aufwärmen: »Chaplin-Springen«
2. Diagonalschritt: Langlaufschwingen – Langlaufspringen
3. Kantentraining
4. FIS-Regel 1
5. Umsteigespringen
6. Kinderskitip: Hoch- und Tiefgehen.
7. Aufwärmgymnastik aus dem Rennsport
8. Abfahrtstest: Hahnenkammrennen in Kitzbühel

Folge 2

1. Aufwärmen: Skimambo
2. Abfahrtshaltung: Beugen und Strecken – Vorlage und Rücklage
3. Stemm-Umsteigen – Variation im Liegestütz
4. Langlauf: Doppelstockschub
5. Konditionsblock 1
6. FIS-Regel 2
7. Kinderskitip: Pflugspringen
8. Abfahrtstest: Helikopter-Skifahren in St. Anton (1. Wedelhüpfen, 2. Sitzwedeln, 3. Wedelhüpfen im Hockstütz)

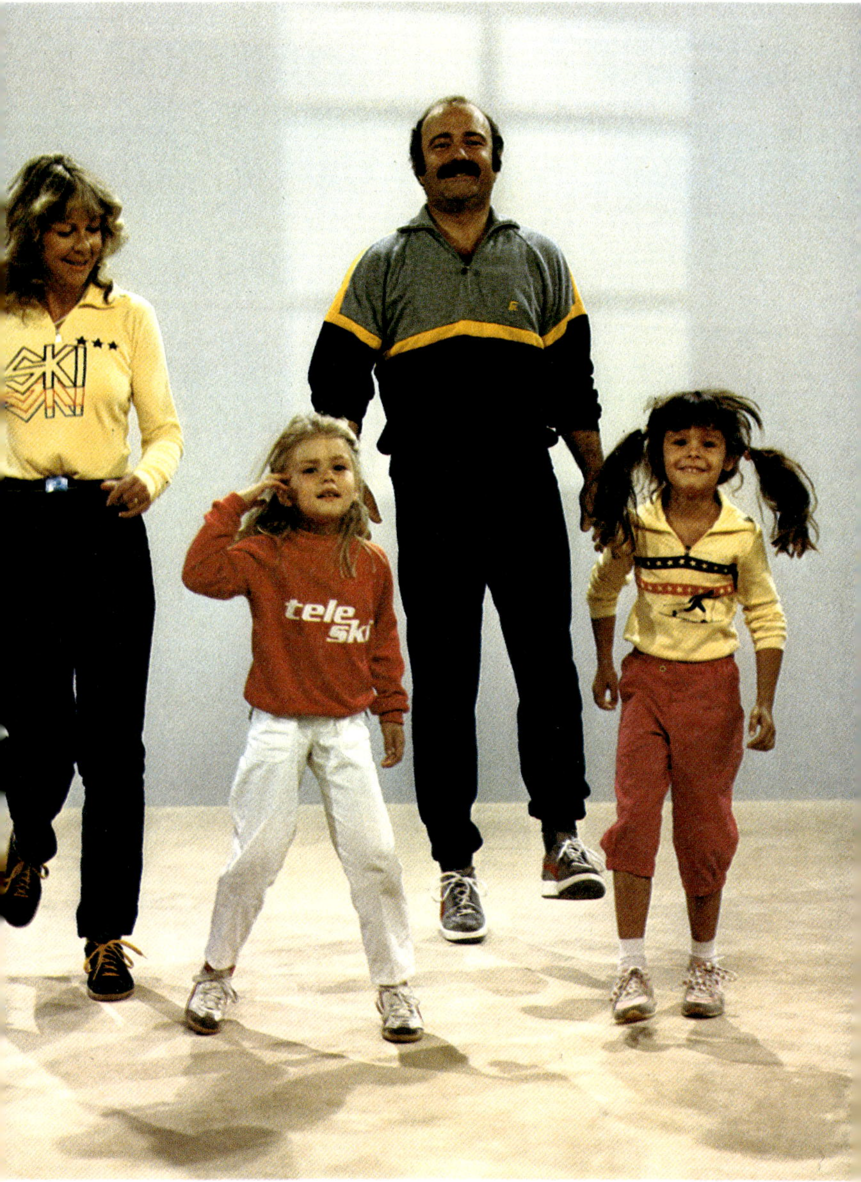
SKI
tele
ski

Trainingsprogramm der TV-Serie

Folge 3

1. Aufwärmen: Beinschwingen
2. Pflugbogen
3. Diagonalschritt: Langlaufschwingen – Langlaufspringen – Langlaufspringen im Hockstütz
4. Sturztraining: Aus dem Kniestand seitlich absitzen
5. Konditionsblock 2
6. FIS-Regel 3
7. Kinderskitip: »Orgeltreten«
8. Kantentraining: Wedeln
9. Abfahrtstest: Weltmeisterschaftsstrecke Schladming

Folge 4

1. Aufwärmen: Charleston-Springen
2. Langlauf: Doppelstockschub mit Vorausschritt
3. Pflugspringen
4. Pflug-Twist
5. Konditionsblock 3
6. FIS-Regel 4
7. Kinderskitip: Kantentraining
8. Abfahrtstest: Schindlerkar am Arlberg
   (1. Im Hockstütz Beinedrehen
   2. Im Schwebesitz Anhocken und Strecken der Beine)

Folge 5

1. Aufwärmen: Wedelspringen
2. Umsteigespringen, Variation Umsteigespringen im Hockstütz
3. Jetschwung
4. Langlauf: Schlittschuhschritt-Springen
5. Sturztraining: Aus dem Kniestand seitlich absitzen
6. Konditionsblock 4
7. FIS-Regel 5
8. Kantentraining
9. Kinderskitip: Pflugbogen
10. Abfahrtstest: Weltmeisterschaftsstrecke Haus

Folge 6

1. Aufwärmen: Achterkreisen der Beine
2. Beinedrehen
3. Klammerschwung
4. Kantentraining
5. Kinderskitip: Pflugspringen
6. Konditionsblock 5
7. FIS-Regel 6
8. Ausgleichstechnik
9. Abfahrtstest: Parallelslalom (Umsteigespringen im Hockstütz)

Folge 7

(Schwerpunkt Skilanglauf)

1. Aufwärmen: Schlittschuhschritt-Springen
2. Abfahren: Beugen und Strecken
3. Kinderskitip: »Entengang«
4. Pflugspringen
5. Konditionsblock 6
6. FIS-Regeln für Langläufer
8. Langlauf: Sitonen-Technik
9. Test Volksskilauf

Folge 8

1. Aufwärmen: Skimambo
2. Langlauf: Doppelstockschub
3. Pflugspringen
4. Kinderskitip: Sturztraining
5. Konditionsblock 7
6. FIS-Regel 7
7. Umsteigespringen
8. Beinedrehen
9. Abfahrtstest: Weltmeisterschaftsstrecke Schladming

Folge 9

1. Aufwärmen: Schlittschuhschritt-Springen
2. Langlauf: Doppelstockschub
3. »Orgeltreten«
4. Pflugschwung, Variation im Hockstütz
5. Konditionsblock 8
6. FIS-Regel 8
7. Kantentraining
8. Jetschwung
9. Abfahrtstest: Skiabfahrt in Neuseeland (1. Wedelhüpfen, 2. Sitzwedeln)

Folge 10

1. Aufwärmen: Charleston-Springen
2. Langlauf: Doppelstockschub mit Vorausschritt
3. Kantentraining
4. Kinderskitip: Ausgleichstechnik
5. Sturztraining: Aus dem Kniestand seitlich absitzen
6. Konditionsblock 9
7. FIS-Tip: Schleppliftfahren
8. Umsteigespringen
9. Abfahrtstest: Lauberhornrennen

Folge 11

1. Aufwärmen: Beineschwingen
2. Pflugbogen
3. Diagonalschritt: Langlaufschwingen – Langlaufspringen
4. Stemm-Umsteigen, Variation im Hockstütz
5. Kinderskitip: Schanzenspringen
6. Konditionsblock 10

Trainingsprogramm der TV-Serie

7. FIS-Tip: Sesselliftfahren
8. Klammerschwung
9. Abfahrtshaltung – Beugen und Strecken – Vorlage und Rücklage
10. Abfahrtstest: Tiefschneefahren (1. Sitzwedeln, 2. Wedelhüpfen im Hockstütz)

Folge 12

1. Aufwärmen: Wedelspringen
2. Langlaufspringen, Variation im Hockstütz
3. Kantentraining
4. Langlauf: Sitonen-Technik
5. Konditionsblock 11
6. FIS-Tip: Verhalten gegenüber Pistenraupen

7. Kinderskitip: Pflugschwung
8. Abfahrtstest: Vallugaabfahrt Arlberg

Folge 13

1. Aufwärmen: Skimambo
2. Langlauftest: Langlaufschwingen – Langlaufspringen – Doppelstockschub
3. Kinderskitip: »Entengang«, »Krebsgang«
4. Pflugwedeln
5. Konditionsblock 12
6. FIS-Film
7. Kantentraining: Wedeln
8. Abfahrtstest: Hahnenkammrennen in Kitzbühel

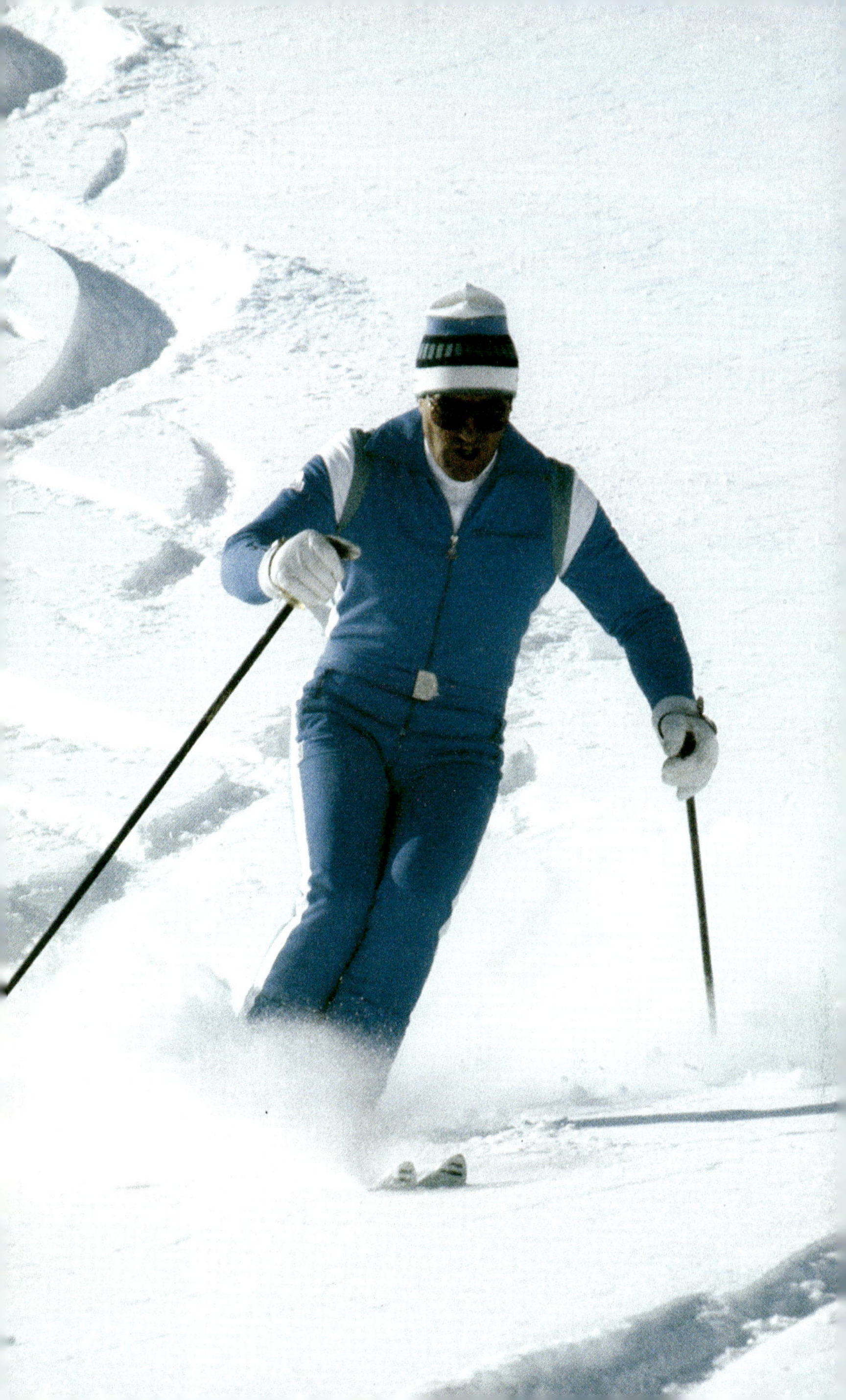

Sicherheit im Skilauf

Internationale Pistenregeln

Diese Regeln werden in den Alpenländern zunehmend zur Grundlage der Rechtsprechung gemacht.

① Rücksicht auf die anderen

Jeder Skifahrer muß sich stets so verhalten, daß er keinen anderen gefährdet.

② Beherrschung der Geschwindigkeit und der Fahrweise

Jeder Skifahrer muß Geschwindigkeit und Fahrweise seinem Können ebenso wie den Gelände- und Witterungsverhältnissen anpassen.

③ Wahl der Fahrspur

Der von hinten kommende Skifahrer muß seine Fahrspur so wählen, daß er vor ihm fahrende Skiläufer nicht gefährdet.

④ Überholen

Überholt werden darf von oben oder von unten, von rechts oder von links, aber immer nur mit einem Abstand, der dem überholten Skifahrer für alle seine Bewegungen genügend Raum läßt.

⑤ Pflichten des unteren und des querenden Skifahrers

Jeder Skifahrer, der in eine Abfahrtsstrecke einfahren oder ein Skigelände queren (traversieren)

Nicht immer hat man so viel Platz auf der Skipiste.

Pistenregeln

will, muß sich zuvor nach oben und unten vergewissern, daß er dies ohne Gefahr für sich und andere tun kann.

⑥ Unterbrechung der Abfahrt
Jeder Skifahrer muß es vermeiden, sich ohne Not an engen oder unübersichtlichen Stellen einer Abfahrtsstrecke aufzuhalten. Ein gestürzter Skifahrer muß eine solche Stelle so schnell wie möglich wieder freimachen.

⑦ Aufstieg
Der aufsteigende Skifahrer darf nur den Rand einer Abfahrtsstrecke benützen; er muß auch diesen bei schlechten Sichtverhältnissen verlassen. Das gleiche gilt für den Skifahrer, der zu Fuß absteigt.

⑧ Beachtung der Zeichen
Jeder Skifahrer muß die Zeichen (Markierungen und Hinweisschilder) auf den Abfahrtsstrecken beachten.

⑨ Verhalten bei Unfällen
Bei Unfällen ist jeder zur Hilfeleistung verpflichtet.

⑩ Ausweispflicht
Jeder, ob Zeuge oder Beteiligter, ob verantwortlich oder nicht, muß bei einem Unfall seine Personalien angeben.

Zusammenstellung:
Deutscher Skiverband in Zusammenarbeit mit der FIS.

Sicherheit im Skilauf

FIS-Verhaltensregeln für Langläufer

Der Juristische Beirat des DSV empfiehlt die folgenden Regeln die aufgrund langjähriger Praxis und der bestehenden Rechtsprechung formuliert worden sind.
Fachliche Beratung: Dr. Dieter Hummel.

① Rücksichtnahme auf die anderen

Jeder Langläufer muß sich so verhalten, daß er keinen anderen gefährdet oder schädigt.

② Signalisation und Laufrichtung

Markierungen und Signale sind zu beachten; auf Loipen ist in der angegebenen Richtung zu laufen.

③ Wahl der Spur

Auf Doppel- und Mehrfachspuren muß in der rechten Spur gelaufen werden. Langläufer in Gruppen müssen in der rechten Spur hintereinander laufen.

④ Überholen

Überholt werden darf rechts oder links in einer freien Spur oder außerhalb der Spuren. Der vordere Läufer braucht die Spur nicht freizugeben. Er sollte aber ausweichen, wenn er glaubt, das gefahrlos tun zu können.
Im Wettkampf ist der langsamere Läufer verpflichtet, dem schnelleren die Spur freizugeben. Hierzu will man den erholungssuchenden Skiwanderer nicht zwingen. Sportlicher Fairness entspricht es aber, dem schnelleren Langläufer das Überholen zu ermöglichen.

⑤ Gegenverkehr

Bei Begegnungen hat jeder nach rechts auszuweichen. Der aufsteigende hat dem abfahrenden Langläufer die Spur freizugeben.
Im Gefälle kann der abfahrende Läufer nur mit großer Mühe seine Spur verlassen. Daher ist es dem langsamen, aufsteigenden Läufer zuzumuten, die Spur freizugeben.

⑥ Stockführung

Beim Überholen, Überholtwerden und bei Begegnungen sind die Stöcke eng am Körper zu führen.

⑦ Anpassung der Geschwindigkeit an die Verhältnisse

Jeder Langläufer muß, vor allem auf Gefällstrecken, Geschwindigkeit und Verhalten seinem Können, den Geländeverhältnissen, der Verkehrsdichte und der Sichtweite anpassen.
Er muß einen genügenden Sicherheitsabstand zum vorderen Läufer einhalten. Notfalls muß er sich fallenlassen, um einen Zusammenstoß zu verhindern.

⑧ Freihalten der Loipen

Wer stehen bleibt, tritt aus der Spur. Ein gestürzter Langläufer hat

Loipenregeln

die Spur möglichst rasch freizumachen.

⑨ Hilfeleistung
Bei Unfällen ist jeder zur Hilfeleistung verpflichtet.

⑩ Ausweispflicht
Jeder, ob Zeuge oder Beteiligter, ob verantwortlich oder nicht, muß im Falle eines Unfalles seine Personalien angeben.

Loipen sind für die Langläufer da. Sie werden mit viel Mühe und großem Kostenaufwand angelegt und unterhalten. Spaziergänger, Hunde und Reiter haben in der Loipe nichts verloren. Ein Verbot, Loipen ohne Ski zu nutzen, wurde deshalb nicht in die FIS-Regeln aufgenommen, weil es in den meisten Ländern undenkbar ist, daß auf diese Weise Loipen rücksichtslos zerstört werden. Das Fehlen eines ausdrücklichen Verbotes ändert aber nichts daran, daß bei uns Loipen nur mit Sportgerät betreten werden dürfen.

Im Wettkampf muß der langsamere Läufer dem schnelleren die Spur freimachen.

Sicherheit im Skilauf

DSV-Schleppliftregeln für richtiges Verhalten beim Skifahren

Zusammenstellung: Juristischer Beirat des Deutschen Skiverbandes. Fachliche Beratung: Dr. Dieter Hummel.

① Anstellen

Stellen Sie sich geordnet an, bei Tellerliften einzeln, bei Liften mit Doppelbügeln paarweise; so schonen Sie eigene und fremde Ski und vermeiden Stockungen.

Wer sich schon am Lift ärgert, hat auch beim Skifahren keine Freude mehr. Betrachten Sie das Anstehen als Erholungspause und seien Sie fair zu Ihren Partnern.

② Einsteigen

Treten Sie zügig an die Einstiegsstelle; nehmen Sie beide Stöcke in die äußere Hand, um die andere für den Schleppanker frei zu haben. Immer häufiger gibt es Schlepplifte mit Selbstbedienung. Dabei müssen Sie – die Ski in Fahrtrichtung – den ankommenden Schleppbügel beobachten.

Bei Doppelbügeln muß sich jeder Partner nach innen drehen, um mit der inneren Hand den Anker greifen zu können.

Schleppliftregeln

③ Anfahren

Setzen Sie sich nicht auf den Schleppbügel! Bleiben Sie stehen, lehnen Sie sich leicht gegen den Bügel und lassen Sie sich schieben.
Gleitende Schritte in Fahrtrichtung erleichtern das Anfahren.

④ Verhalten während der Fahrt

Belasten Sie bei offener Skiführung beide Ski gleichmäßig. Lehnen Sie sich weder nach außen noch auf den Partner, dann halten Sie das Gleichgewicht besser.
Schwierigkeiten gibt es häufig bei ungleichen Partnern. Deshalb sollten Sie beim Anstehen möglichst einen Partner wählen, der etwa gleich groß und gleich schwer ist.

⑤ Spur halten

Bleiben Sie in der Schleppspur, fahren Sie nicht »Slalom« und steigen Sie nicht vorzeitig aus, sonst gefährden Sie sich und andere.

⑥ Verhalten nach einem Sturz

Wer in der Liftspur stürzt, muß sich bemühen, die Spur sofort frei zu machen. Nachfolger können kaum ausweichen.

⑦ Vorbereitung auf den Ausstieg

Bereiten Sie sich rechtzeitig auf das Aussteigen vor. Achten Sie darauf, daß sich der Schleppbügel nicht in Ihrer Kleidung verfängt!

⑧ Aussteigen

Steigen Sie zügig aus. Lassen Sie den Bügel in Fahrtrichtung aus und werfen Sie ihn nicht achtlos zur Seite.

⑨ Verlassen der Ausstiegsstelle

Verlassen Sie die Ausstiegsstelle sofort. Machen Sie Platz für nachfolgende Skifahrer, damit es nicht zu Kollisionen kommt oder Sie von einem pendelnden Liftbügel getroffen werden.
Insbesondere größere Gruppen sollten sich in genügendem Abstand von der Ausstiegsstelle sammeln.

Besser als jeder Lift – der Helikopter. Allerdings auch ein teurer Spaß.

Sicherheit im Skilauf

DSV-Tips für Sesselliftfahrer

① Geordnet anstellen, Anweisungen beachten:
Unterlassen Sie bitte unsportliches Drängeln und reihen Sie sich ordnungsgemäß ein. Beachten Sie Anweisungen des Liftpersonals und der Skiwacht, auch im Anstellbereich. Zeigen Sie Körperbehinderungen oder Mitnahme von Kindern dem Liftpersonal rechtzeitig vor dem Einsteigen an.

② Sicherheitsbügel schließen, Ski ruhig halten:
Schließen Sie den Sicherheitsbügel am Sessel und halten Sie die Ski ruhig. Beim Zusammenschlagen der Ski kann die Bindung aufgehen.

③ Nicht schaukeln:
Halten Sie die Ski in Fahrtrichtung und schaukeln Sie nicht.

④ Rauchverbot beachten:
Durch Rauchen gefährden Sie nicht nur wertvollen Waldbestand, sondern unter Umständen auch Leben und Gesundheit vieler Menschen.

⑤ Nicht abspringen oder aussteigen:
Behalten Sie bis zur Ankunft am Ziel Ihren Platz bei. Der Abstand zum Boden ist immer größer, als Sie meinen.

⑥ Zügig aussteigen:
Öffnen Sie vor der Ankunft den Sicherheitsbügel rechtzeitig und heben Sie die Skispitzen an. Verlassen Sie den Aussteigeplatz zügig in der angezeigten Richtung. Trödeln gefährdet Sie und andere.

DSV-Tips zum Verhalten gegenüber Pistenraupen

① Eigene Sorgfalt des Skifahrers
Pistenraupen müssen manchmal während des Skibetriebs und auch bei schlechtem Wetter eingesetzt werden. Unabhängig von den Pflichten der Pistenraupenfahrer gegenüber dem Skibetrieb soll sich der Skifahrer stets vor Augen halten, daß Pistenraupen schwer lenkbar sind und ihr Fahrer nicht immer die Möglichkeit hat, das Gelände rundum voll einzusehen.

② Abstand halten
Einer erkennbar in Betrieb befindlichen Pistenraupe soll der Skifahrer nicht zu nahe kommen. Sein Sicherheitsabstand wird auch bei guter Sicht nach hinten/vorn 15 m, zur Seite 3 m nicht unterschreiten dürfen.

③ Nicht anhängen
Nur wenn gute Sicht ihm die Einhaltung des Abstandes ermöglicht, wird der Skifahrer einer Pistenrau-

Sesselliftfahren und Pistenraupen

pe nachfahren dürfen. Das Gerät kann plötzlich einmal anhalten. Sich an die Raupe anhängen sollte auch ein guter Skifahrer niemals.

④ Manchmal verdeckt

Pistenraupen müssen auch im nicht einsehbaren Gelände arbeiten und tauchen dann plötzlich vor dem Skifahrer auf; mit ein Grund für ihn, nur auf Sicht zu fahren.

⑤ Raupe hat Vorfahrt

Nicht die Pistenraupe hat den Skifahrer vorbeizulassen, sondern umgekehrt. Er soll sich deshalb stets vergewissern, wohin sie fährt und ob sie nicht ihre Richtung ändert. An Engstellen soll er lieber anhalten, bis sie vorbei ist.

⑥ Pistenraupen können abrutschen

Am steileren Hang kann die Raupe ins Rutschen kommen. Der unterhalb befindliche Skifahrer soll sie deshalb sorgfältig im Auge haben und reichlich Abstand halten.

⑦ Sich bemerkbar machen

Kann der Skifahrer – vielleicht, weil er gestürzt ist oder einen Schaden hat – der Pistenraupe nicht schnell genug Platz machen, dann soll er Zeichen geben, damit der Fahrer ihn sieht. Wenn nötig sollen auch andere in der Nähe befindliche Skifahrer den Lenker warnen.

Für den Rennläufer ganz normal: Vor der Abfahrt ein paar Aufwärmübungen.

Sicherheit im Skilauf

Pisten- und Loipenmarkierung

Die Pisten- und Loipenmarkierung wird gegenwärtig international einheitlich genormt, da es verschiedentliche Abweichungen gibt. Im großen und ganzen jedoch wird nach einheitlichen Gesichtspunkten bereits jetzt schon in allen Alpenländern vorgegangen. Über die folgenden Bestimmungen und Markierungszeichen ist Übereinstimmung erzielt worden.
Pisten und neuerdings auch Loipen werden je nach Schwierigkeitsgrad in drei verschiedenen Farben markiert:

blau = leichte Piste und Loipe
rot = mittelschwere Piste und Loipe
schwarz = schwere Piste und Loipe

Ausnahmen: In Italien werden zusätzlich sehr leichte Pisten und Loipen in grüner Farbe markiert. In der Schweiz werden Loipen nicht auf die beschriebene Weise gekennzeichnet: Die Markierungsfarbe ist dort einheitlich gelb.

Streckenmarkierungsschilder

Die runden Streckenmarkierungsschilder in den genannten Farben blau, rot und schwarz können verschiedene Informationshinweise enthalten:

- Entweder eine Streckenbezeichnung (Piste oder Loipe »Olympia«) oder eine konstante Ziffer zur Kennzeichnung einer bestimmten Strecke (Piste oder Loipe 3).
- Kleine fortlaufende Ziffern: Sie geben auf Pisten die Reihenfolge der Schilder an, wobei mit der höchsten Ziffer bei der Bergstation begonnen wird (bei Skiunfällen kann anhand der Ziffer des nächststehenden Markierungsschildes der Unfallort beim Rettungsdienst genau angegeben werden).
- Kilometer-Angaben bei Loipen.

Pistenmarkierungsschild »leicht«

Pistenmarkierungsschild »mittelschwer«

Loipenmarkierungsschild »schwer«

Gefahrenschilder

Neben den aus dem Straßenverkehr bekannten Schildern ist das Gefahrenschild »Achtung! Pisten-

Pisten- und Loipenmarkierung

raupe unterwegs« von den Skifahrern besonders zu beachten.

Allgemeines Gefahrenschild

Pistenraupe unterwegs

Gebotsschilder
Gebotsschilder sind derzeit in ihrer Form noch sehr uneinheitlich. Künftig werden weiße Symbole auf blauem Grund verwendet. Gebotsschilder signalisieren dem Skifahrer wichtige Verhaltensweisen.

Skispitzen anheben (Bei der Einfahrt in die Sessellift-Bergstation)

Bügel öffnen

Verbotsschilder
Verbotsschilder sind von den Skisportlern unbedingt zu beachten, weil sie sich sonst in jedem Falle gefährden. Beispiele:

Slalomfahren in der Lifttrasse verboten

Schaukeln verboten

Hinweisschilder
Hinweisschilder sind derzeit ebenfalls noch sehr unterschiedlich, künftig werden sie weiße Symbole auf grünem Grund tragen.

Erste Hilfe

Rettungsnotruf

Lawinenschilder
Von allen Schildern müssen von den Skifahrern die Lawinenschilder am striktesten befolgt werden, denn **Lawinengefahr bedeutet stets: Lebensgefahr.** Das gelb-schwarze Sperrschild signalisiert, daß eine Piste oder Loipe wegen Lawinengefahr gesperrt ist und sie in gar keinem Fall befahren oder begangen werden darf.

Das Lawinenwarnschild mit der Weißen Hand signalisiert dem Skifahrer, daß an dieser Stelle außerhalb der Piste oder Loipe Lawinengefahr besteht. Wenn in dieser Situation im markierten Gelände Pisten und Loipen nicht gesperrt sind, kann man in diesem Bereich – aber nur in diesem! – gesichert Skisport treiben.

Wichtige Informationen

International alpines Rettungssignal

- Innerhalb 1 Minute 6 × Zeichen in regelmäßigen Abständen, dann 1 Minute Pause.
- Antwort Rettungsmannschaft: 3 × in 1 Minute.
- Zeichen akustisch oder visuell.
- In Notfällen ist jeder zur Hilfe verpflichtet.

Wichtige Adressen

für **alpine Auskünfte** in Deutschland:
Berchtesgaden: Fremdenverkehrsbüro, Reichenhallerstr., Tel. 08652/7225
Garmisch: Verkehrsamt am Bahnhof, Tel. 08821/2570 oder 3451
DAV-Sektion Garmisch, Bahnhofstr., Tel. 08821/2701
München: Alpine Auskunft des DAV, Praterinsel 5, Tel. 089/294940
Oberstdorf: Fremdenverkehrsamt, Marktplatz 7, Tel. 08322/1014

Informationen

über aktuelle Lawinensituation.

Der von der **Lawinenwarnzentrale** im Bayer. Landesamt für Wasserwirtschaft herausgegebene **Lawinenlagebericht** wird über den Bayer. Rundfunk ausgestrahlt.

Bayern:
089/1259555 (ungekürzt)
089/11500 (Tonband)
089/3890991 (Beratung)
089/294940 (Alpine Auskunft DAV)

Österreich (von Bundesrepublik Deutschland 0043/...):

Tirol:
(0)5222196
(0)52222 87 01-870 (Band)
(0)5222 2 18 39 (Beratung)

Vorarlberg:
(0)5522 16 (Band)

Osttirol:
(0)6114 71 (Band)

Salzburg:
(0)6221 96 (Band)
(0)6222 4 34 35 (Beratung)

Kärnten:
(0)4244 16 (Band)
(0)42223350 33 44 (Beratung)

Oberösterreich:
(0)72225842467 (Beratung)

Schweiz (von Bundesrepublik Deutschland): 0041/1162 (Band)
innerhalb der Schweiz: 162

Flugeinsatzstellen in Österreich:
Niederösterreich: Wien Meidling 0222/830674
Oberösterreich: Linz Hörsching 07221/2445
Salzburg: 06222/44763
Steiermark: Graz 0316/21421
Osttirol: Klagenfurt 04222/43462
Nordtirol: Innsbruck 05222/27777 oder 194
Vorarlberg: Hohenems 05576/2011